GENERATOR DAS KOMMENDE DENKEN

Jess Tartas & Schwartz

GEWALT UND POESIE

EIN LITERARISCHER DIALOG

Frohmann Verlag, Berlin 2023
frohmannverlag.de
© Frohmann Verlag, Christiane Frohmann, Schwartz und Jess Tartas
Typografie Ursula Steinhoff
Lektorat Christiane Frohmann, Schwartz und Jess Tartas

ISBN Hardcover: 978-3-947047-98-7
ISBN Softcover: 978-3-947047-99-4
ISBN ePub: 978-3-947047-97-0
ISBN mobi: 978-3-947047-96-3

Inhalt

VORWORT

Dieses Buch ist keine wissenschaftliche Monografie, sondern ein
literarischer Dialog zwischen den befreundeten Künstler*innen
Jess Tartas und Schwartz.

Es ist auch ein Gedenken an eine Zeit, Atmosphäre, Kultur, Literatur,
Kommunikation, ein Lernen und Leben miteinander, das in seinen
besten Momenten wirklich Vorbild für eine partizipative globale
Gesellschaft hätte werden können. Twitter, das war für sehr viele
Menschen jahrelang »die Welt« oder zumindest eine sehr attraktive
Erweiterung ihres Lebensraums. Auf Twitter erlebte man täglich,
wenn nicht stündlich, die Freuden ungesuchter Erkenntnis, aber
auch das Zusammenfinden von Menschen, die anderswo aufgrund
von sozialen Konventionen aneinander vorbeigesehen hätten. Nur
in der anderen Realität von Twitter konnten sich eine Dichterin wie
Jess Tartas und ein Horrorcore-Rapper wie Schwartz auf Augen-
höhe begegnen und einander wirklich sehen. Nur in der anderen
Realität von Twitter konnte eine Verlegerin wie ich neue literarische
Bewegungen instantan beobachten, verlegen und mitprägen. Twitter
war vieles, unter anderem eine poetische Galaxie.

    CUT, aua.

Twitter war die absolute Hölle. Nirgendwo wurde man übler belehrt,
beschimpft, beleidigt, belästigt, bedroht. Menschliche Trolle und
böse Bots hielten wichtige Stimmen bzw. die Menschen dahinter

über Jahre hinweg von der wirksamen Arbeit ab, raubten ihnen absurd viel Lebenszeit und oft auch Gesundheit. Du musst ja nichts ins Internet schreiben, lautete der gutgemeinte Rat twitterferner Menschen, es hörte sich an wie: Du musst ja nicht existieren.

Bitte den Verfall der Plattform nicht romantisieren. Ja, Elon Musk ist ein Cyber Gothic Villain, aber als Raum für das gute digitale Leben war Twitter längst tot, als es von ihm ausgeixt wurde. Die User*innen selbst hatten ihre Lieblingsplattform zerstört, eigenhändig, Klick für Klick, indem sie immer mehr skandalisierende Aufregungsinhalte teilten, statt digitale Kultur und Gesellschaft positiv weiterzuentwickeln – ein Zeitlupen-Höllensturz über ein paar impulsive Jahre hinweg. Mein Twittergefühl war schon vor 2022 »Ich sollte längst weg sein« gewesen. Die Übernahme von Musk wirkte dann wie Jack Nicholson, der in *The Shining* die Axt in die Tür haut, plötzlich war alles ganz einfach: LAAAAAUUUUUUF!, egal, was danach kommen wird, LAAAAAUUUUUUF!

CUT, aua.

Stichwort »Höllensturz«. Die Vorgeschichte zu diesem Buch ist ziemlich spektakulär. Schwartz und ich lernten uns 2019 auf Twitter kennen, als ich auf einem Lyrikkongress in Frankfurt ein Panel zu Sprache und Gewalt moderierte. An einer Stelle drückte ich meine Verwunderung darüber aus, dass bei einem solchen Thema und an diesem Ort kein Rapper mit auf der Bühne sitzen würde. Vorausschauend wies ich ausdrücklich darauf hin, dass ich nun aber keinesfalls über die lyrische Qualität konkreter Rap-Songs und das künstlerische Vermögen einzelner Rapper diskutieren wollte, dafür sei ich keine Expertin. Ich wollte nur anregen, mitzudenken, dass eine Möglichkeit, die Jugend für die Lyrik zu gewinnen – eine vieldiskutierte Aufgabenstellung auf dem Kongress –, auch darin bestehen könnte, den eigenen Blick zu weiten, schließlich seien da draußen Millionen Jugendliche, die Rap-Lyrics wie Gedichte aufsagen konnten und dies auch oft und gern taten.

Es ging ziemlich nach hinten los. Die Dichter und Wissenschaftler auf dem Panel fingen an, von ihren Lieblingsrappern zu schwärmen bzw. Durs Grünbein befand kritisch, dass Bushido früher besser gewesen sei. Einmal offen, ließ sich diese Büchse der Pandora nicht wieder zudrücken. Mein Punkt mit den Jugendlichen wurde gar nicht diskutiert, das hatte wohl niemand mitbekommen. Auch nicht die Festivalleiterin, die richtig sauer auf mich war und befand, ich würde mich bei diesen Rappern anbiedern, ob ich nicht wüsste, dass Rap sehr kommerziell sei. Es war, gemessen an dieser Reaktion, vermutlich meine aus Auftraggeber*innensicht schlechteste Moderation ever, aber sie hat bei mir und auf Umwegen noch bei vielen anderen eine Menge Gedanken und Gespräche ausgelöst. Schwartz schrieb mir direkt im Anschluss eine DM und dankte mir. Ich fand das nett und konnte auch gerade etwas Freundlichkeit gebrauchen, weil Durs Grünbein in der Diskussion noch in einem Nebensatz Twitter, meine Hauptarbeitssphäre zu jener Zeit, lachend als »Plappermedium« bezeichnet hatte. Klar, als Moderatorin muss man wissen, wen man moderiert, und als Panelgast wird man nicht dafür bezahlt, zu wissen, wer die moderierende Person ist. Aber liegt nicht auch eine Form von struktureller Gewalt darin, Moderator*innen als reine Funktion zu verstehen, über die man gar nichts wissen muss?

Danach diskutierten Schwartz und ich im Chat ein paar Tage lang unsere Vorstellungen von ästhetisierter Gewalt und wie sie sich im Laufe der Zeit verändert hatten. Ich war angenehm überrascht, dass er, ohne auf meiner feministischen Linie zu sein, ganz klar ein zugewandter Typ war, bereit, dazuzulernen und an sich zu arbeiten. So jemanden behalte ich als potenziellen Autor im Hinterkopf. Irgendwann begegne ich der Person dann wieder und habe vielleicht in dem Moment eine Idee, was wir für ein Buch machen könnten.

2021 lud ich Schwartz zur jährlichen *Frohmann Garty Party* ein, eine Mischung aus privatem Geburtstags- und Verlagsfest. Das Signature-Getränk bei dieser Veranstaltung ist die »Böse Bowle«, die aus Wodka, Sekt und Erdbeeren besteht. Viele Jahre lang gab es

nie Probleme mit der Bowle, aber dann kam Schwartz. Okay, es muss
ihn schon einigen Mut gekostet haben, überhaupt zu kommen. Er
wusste ja, was er früher für misogyne Lyrics verzapft hatte, da würde
ich mich an seiner Stelle auch ein bisschen mulmig fühlen, wenn
ich gleich mindestens einem Dutzend Netzfeminist*innen begegne.
Der Zufall wollte es, dass Schwartz und Sibel Schick beide zu früh
erschienen und von mir draußen an einem Tisch platziert wurden.

Ich stellte sie einander vor: »Raphael, Sibel ... Sibel, Raphael« und
witzelte: »Vielleicht habt ihr euch ja auf Twitter geblockt.«

Sibel fragte: »Wie heißt du denn auf Twitter?«

»Schwartz.«

»Ja, dich habe ich wirklich geblockt.«

Okay, das hat den sozialen Druck auf Schwartz vielleicht noch
etwas erhöht, und seine dunkle Sonnenbrille mag noch etwas
dunkler geworden sein. Jedenfalls ballerte er sich in diesem Moment,
also vor Beginn der Party, das erste Glas Bowle rein, und nach allem,
was man weiß, noch sehr viele weitere. Irgendwann versuchte er,
von seinem Sitzplatz am geleerten Bowlekübel aufzustehen, wankte
kurz, fiel dann nach hinten um, mit dem Kopf aufs Steinpflaster
und lag bewusstlos und aus einer Platzwunde blutend am Boden.
Mein Mann kümmerte sich um ihn, bis er wieder aufwachte, der
Krankenwagen kam, und die Party war für Schwartz vorbei.

Ein Verlegerkollege traf in diesem Moment ein und sagte: »Ich
komme auf die Party von Christiane Frohmann und Schwartz wird
mit dem Krankenwagen weggefahren, jetzt schon Legende.« Hinter
ihm tauchten meine Söhne auf: »Wie, Mama, was, im Ernst, Schwartz
war hier und ist jetzt im Krankenhaus?« Damit begann mein Double-
bind. Klar, war das eine »gute« Geschichte, die wohl niemand, der
da war, jemals vergessen wird. Aber es ist auch eine Horrorgeschichte
von einer Person, die sich in einer sozial überfordernden Situation
mit Alkohol abgeschossen hat. Für mich persönlich überwiegt die
zweite Lesart, lang und breit entrollt hat sich aber natürlich die erste
Version, die romantisierte Bearbeitung der Ereignisse.

CUT, aua.

Mein Vater ist an einer Leberzirrhose gestorben. Die Toten werden miterzählt, aber nicht in jenen Versionen der Geschichte, in denen Schreckliches romantisiert wird, bis es alle hören wollen. – Jess aber kann etwas Besonderes, sie erzählt diese leisen Geschichten, in denen das Leiden nicht verstellt wird, so, dass alle sie hören wollen.

Wie kam Jess ins Spiel? Ich habe keine Erinnerung mehr daran, wann und wo ich Jess zuerst wahrgenommen habe. Das ist ein sehr gutes Zeichen, denn Menschen, mit denen ich digital sehr viel anfangen kann, faden, fließen, gleiten mir immer unmerklich von den Rändern ins Gesichtsfeld und sind dann wie schon immer da gewesen. Das setzt sich auch bei physischen Begegnungen fort. Jess fühlte sich sofort richtig an bei mir zuhause und ihre nahen Menschen auch. Im Sommer dieses Jahres, spätabends bei Kerzenlicht, hatten wir eine Vorablesung aus *Gewalt und Poesie* bei uns im Garten. Auch meine Söhne waren gekommen, aus dem einzigen Grund, dass sie Schwartz zuhören wollten. Das taten sie und fanden es gut. Sie hörten aber auch Jess zu, und ich konnte sehen, wie es sie berührte.

   CUT.

Ein Jahr zurückscrollen zur *Garty Party 2022*. Schwartz saß wieder da, dieses Mal eher Raphael, neben ihm Jess und ihr Mann Morton. Der Moment, in dem mir ein Buch einfällt, war gekommen. Ich erzählte ihnen von der Themenidee und gab ihnen Carte blanche. Habe ich sie überhaupt gefragt, ob sie wollen? Ich hoffe, ja. Den Rest der Geschichte sollen sie selbst erzählen.

Knapp dreißig Jahre zurückscrollen. Spätabends vor einem Kino in Berlin-Schöneberg im Schnee wurde ich von meinem damaligen Freund angeschrien. Er konnte nicht fassen, dass ich dieses nie dagewesene Ausmaß an expliziter Gewalt, das wir gerade auf der Leinwand gesehen hatten, ästhetisch gerechtfertigt fand. Ich dachte nur, er checkt es einfach nicht und lenkte nicht ein. Am Ende schnappte er wirklich buchstäblich nach Luft und stieß hervor: »Also, dann kann ich dich nur noch barbarisch nennen.«

Es war das erste Mal, dass ich so einen kommunikativen Kurzschluss, der in maßlose, gewaltvolle Zuschreibungen mündet, miterlebte,– wer nennt denn bitte seine Freundin »barbarisch«, weil sie einen Film anders einordnet? Da steckt doch mehr und Tieferes dahinter. Und warum fällt mir jetzt gerade ein, dass derselbe Freund das Foto auf meiner Monatskarte für die Pariser Metro supercringe mit den Worten »Meine süße kleine Maus aus der Banlieu« kommentierte? Es fällt mir ein, weil ich erst heute, mit solidem Wissen über Sexismus und Klassismus, verstehe, was damals abging: Wer romantisierend ins Armenviertel projiziert worden ist, kommt natürlich beim ersten Stress als Barbarin rausspaziert. Man weiß ja, wie die da sind. Anders. Ja, seine Eltern hatten Geld, meine nicht, aber dafür habe ich *Pulp Fiction* gecheckt

Ungefähr 25 Jahre vorscrollen. Seit einigen Jahren sehe ich mir bewusst keine Filme und Serien mit ausufernder expliziter Gewalt mehr an. Ich hatte irgendwann den Punkt erreicht, wo ich keinen einzigen zerknackenden Zombieschädel mehr ertragen konnte. Es war eine Mischung aus Überdruss- und Selbstekel. Ich fand grelle Gewalt ästhetisch ausgelutscht und langweilig, und ich empfand es als ekelhaft, dass ich im Laufe der Zeit durch Gewöhnung gegenüber Horrordarstellungen abgestumpft war. Mir war klar, dass dieses ewige Sichzudröhnen mit Horroreffekten als eine Art Emotions-Eskapismus gedient hatte, und ich wollte mir jetzt bewusst wieder das volle Ausmaß an Empathie antrainieren und zumuten. Hinsehen, wo Menschen leiden, ist gleichzeitig das Schmerzvollste und das Minimum. Für mich haben sich Ästhetik und Ethik verbunden, aber das wäre Stoff für ein eigenes Buch.

Natürlich bin ich nicht ganz konsequent mit dem Gewalt-konsumverzicht, aber die Abstumpfung ist trotzdem weg. Beim nächsten knackenden Schädel wird es mir übel werden. Klingt weird, aber das ist ein schöner Gedanke.

Christiane Frohmann
Berlin, im Dezember 2023

GEWALT UND POESIE
Ein literarischer Dialog

Jess

Zu lieben ist immer wieder das Mutigste, das ich tun kann, denn mit meiner Hingabe begehe ich Selbst-Mord. Mein Herz gehört mir nicht mehr allein; Stücke von ihm habe ich anderen eingepflanzt. Der in meiner Brust verbliebene Rest ist bereit für alles, was geschieht, aber durch offene Herzen zieht manchmal der heftigste Wind.

Das Leichteste, das ich je tat, war es, den Stecker zu ziehen. Ihr wisst schon, zu bestimmen, dass jemand sterben darf. Die Entscheidung traf ich nicht für mich, sondern für einen Menschen, von dem ich wusste, dass er sterben wollte. In dem Moment habe ich gespürt, wie selbstlos ich sein kann. Und wie wenig Kraft es am Ende wirklich braucht, die eigenen Ängste für andere zu ignorieren, wenn es um Leben und Tod geht.

Ich begehe Selbst-Mord, indem ich schreibe und euch meine Texte zur Verfügung stelle. Sobald ich etwas von mir teile und nicht mehr für mich behalte, dürft ihr damit machen, was ihr wollt. Ihr könnt meine Texte lesen, sie essen, zu ihnen masturbieren, euch verknallen, sie traurig oder peinlich finden. Sobald meine Texte in euren Köpfen sind, gehören sie mir nicht mehr.

Dennoch glaube ich nicht an den Tod der Autorin, ganz im Gegenteil. Ich glaube, dass der Tod der Schreibenden überholt ist. Ich glaube daran, für immer mit all dem hier verknüpft zu sein, aber dass die Bilder, die ihr nun seht, ganz allein eure sind. Ich glaube daran, über Text und Kunst echte Verbindungen herzustellen, obwohl wir uns nicht einmal gegenüberstehen. Ich denke, das ist Magie.

Als Christiane Frohmann im Sommer 2022 Raffi und mich fragte,
ob wir ein Buch über Gewalt und Poesie für ihren Verlag schreiben
möchten, sagten wir ohne zu zögern zu. Es war sofort plausibel.
Während sich in Raffis Kunst die Gewalt zumeist vordergründig
im Auf-die-Fresse-Stil vollzieht, steckt sie in meinen Texten im
Dazwischen. Ihr müsst euch also trauen und spüren.

Ich wünsche euch von Herzen, dass ihr beim Lesen genauso
leidet wie ich beim Schreiben. Ich hoffe, dass ihr euch schneller von
meinen Texten erholt als ich mich vom Erleben mancher meiner
Geschichten. Autofiktion ist das, was meine Texte ausmacht. Von
einigen wurde das Genre belächelt, oder wird es vielleicht noch
immer, keine Ahnung, ich bekomme viele Menschen zum Glück
nur noch am Rande mit. Dennoch wird autofiktionales Schreiben
von den Mutigsten weiterhin radikal betrieben. Ich danke allen, die
mich immer wieder an ihren Geschichten teilhaben lassen. Manchen
danke ich im hier und heute, anderen in der nächsten Séance.

Dieses Buch ist entstanden durch ein Ausloten und Freischreiben
meiner aktuellen individuellen Grenzen. Und es war ein großer Spaß.

Die Playlist zu meinen Texten

Resetless Beats – *Muay Thai WSS Intro Wai Kru & Ram Muay*

Suede – *Dead Bird*

Kælan Mikla – *Sólstöður*

Vive la Fête – *Noir Désir*

Motionless in White – *Masterpiece*

Kiki Rockwell – *Burn Your Village*

Amyl and The Sniffers – *Knifey*

Slipknot – *Psychosocial*

HIM – *When Love and Death Embrace*

SCHWARTZ

VORGESCHICHTE

Als Frau Frohmann im Sommer 2022 bei ihrer *Garty Party* auf Jess und mich zukam und sagte, sie würde sich wünschen, dass wir beide als Team ein Buch zum Thema Gewalt und Poesie machen, war ich dreierlei: völlig perplex, zutiefst geehrt und ein bisschen panisch.

Perplex, weil ich nie damit gerechnet hätte, dass eine feministische Verlegerin – egal, wie gut Frau Frohmann und ich uns privat verstehen – mal mit so einer Aufforderung an mich herantreten würde.

Geehrt, weil Frau Frohmann ihre Entscheidung mit einer chiastischen Punchline der Extraklasse begründete, als sie sagte »Du, Raffi, machst dieses brutale Zeug, und darunter schimmert immer so eine tiefsitzende Zartheit durch; und bei dir, Jess, ist es genau umgekehrt.« Ich glaube, schöner kann man Jess' und meine so ähnlichen wie unterschiedlichen Arbeiten nicht zusammenfassen.

Und panisch, weil ich nun vor der Herausforderung stand, gemeinsam mit Jess Tartas, einer außerordentlich talentierten und fähigen Schriftstellerin, ein Buch zu schreiben.

Jess und ich saßen also im wunderschönen Garten unserer upcoming Verlegerin und tranken Spaten, ein bayrisches Bier. Seit August Graf von Platens »Sonett 57« ist das sonst doch ziemlich unlyrische Wort »Spaten« für mich untrennbar mit diesem Gedicht verbunden, einem der schönsten Sonette deutscher Sprache, das mit dem Vers »Denn jedes Herz zerhackt zuletzt ein Spaten« endet. Die Genialität dieses Verses haben andere bereits hinreichend professionell gewürdigt, also lassen wir das und bleiben auf der

Party, wo ich auf das Etikett der Bierflasche starrte, an Platens Sonett dachte und vorschlug, wir sollten unser Buch *Jedes Herz zerhackt zuletzt ein Spaten* nennen. Mehr Gewalt und Poesie konnte nicht in einen Titel passen. Begeistert von meiner Idee betrank ich mich (aber nicht so schlimm wie im Jahr davor, ihr wisst schon, Höllensturz).

Ein paar Tage später sagte Jess, sie habe darüber nachgedacht, und so wunderbar sie diesen Vers auch fände, erscheine es ihr falsch, unser Buch mit einem geklauten Titel zu schmücken. Das tat mir wirklich in der Seele weh, mein Herz wurde quasi von einem Spaten zerhackt, aber ich verstand, was Jess meinte, und stimmte ihr zu. Wie viel diese Anekdote mit dem Rest des Buches zu tun hat, möge jeder selber entscheiden.

Die Playlist zu meinen Texten

Bushwick Bill – *Already Dead*

Eazy-E – *Creep N Crawl*

Esham – *Slug From A .45*

C-Bo – *Murder That He Ritt*

Brotha Lynch Hung – *Return of the Baby Killer*

N.W.A – *Fuck Tha Police*

Natas – *Natas*

Simken Heights – *Kingdom Of Shellz*

Cap One – *Ashes To Ashes*

Sutter Kain – *Cannibal Ferox*

Jess

Er sticht, sie hackt, es bricht und knackt – so einiges, was an Gewalt und Poesie in literarischen Formen praktiziert wurde, soll in diesem Buch beschrieben, durchdacht und auch bespielt werden.

Dazu stelle man sich beim Lesen auf Gespräche, auf Begebenheiten, auf gewaltsame Worte und wortreiche Gewalt ein. Wir, Raffi und Jess, bewegen uns im Folgenden als Grenzgänger*innen im Dazwischen: Gewalt in der Kunst, künstlerische Gewalt, analysiert und dargeboten in literarischen Gattungen, mal poetischer, mal wissenschaftlicher. Gewalt und Poesie sollen multiperspektivisch als miteinander korrespondierende Weisen menschlichen Ausdrucks betrachtet werden, die gemeinsam Grenzen von Ästhetik und Ethik herausfordern. Hochakademisch wird es nicht zugehen, denn wir wollen uns im Dialog dem Flow überlassen und beim Schreiben auch sehr viel Spaß haben.

Als Ausgangspunkt nehmen wir die Begrifflichkeiten der Gewalt und der Poesie, die wir in einem diversen Gebrauch kulturwissenschaftlicher Methodik und ästhetisch-produzierender Praxis »sampeln«. Wir kombinieren bekannte Elemente neu, um dadurch neue Erkenntnisse zu gewinnen. Das vitale Denken in Form dialogischen Austauschs hat unser Schreiben beeinflusst und den grundlegenden Aufbau des Buches vorgezeichnet.

Wenn wir uns Gewalt auf der Begriffsebene ansehen, lässt sich schnell feststellen, dass für Kultur und Natur nicht die gleichen Anwendungsregeln gelten. Frisst sich der Pilz Fette Henne durch einen Fichtenforst und durchsetzt dabei Bäume bei lebendigem Stamm oder tötet ein Löwe die Nachkommen eines Kontrahenten, dann sprechen wir nicht von Gewalt im klassischen Sinne. Bei destruktiven Angriffen, die als Natur wahrgenommen werden, wird den »Täter*innen« kein Gewaltvorsatz zugeschrieben. Freier Wille hat in der Natur keinen Raum. Von Gewalt spricht man nur, hierin folge ich Walter Benjamin, wo ein Mensch moralisch darüber entscheiden kann, ob er einem anderen Lebewesen Schaden zufügt.

Gewalt scheint also etwas genuin Menschliches zu sein, ebenso wird auch Poesie vor allem Menschen zugesprochen. Eine anthropologische Untersuchung wird dies hier aber nicht oder, besser gesagt, nur performativ, indem sich zwei Menschen mit ihnen zur Verfügung stehenden Kulturtechniken mit Gewalt auseinandersetzen. Also los.

SCHWARTZ

Der Roman *Big Head* von Edward Lee beginnt damit, dass ein Mann ein Baby mit einer Pfanne erschlägt und es anschließend darin brät. Meine erste Reaktion beim Lesen: Uff. Krass! Als es aber die nächsten 250 Seiten auf diesem Level weiterging, war meine Reaktion kein extended technobeat-artiges UffKrassUffKrassUffKrass, sondern eher so: meh, mja, gähn. Der gleiche Effekt, der sich bei mir auch beim Lesen der Bücher des berüchtigten Marquis de Sade einstellt: Dauergeschocke langweilt.

Trotzdem: In Texten abgebildete physische Gewalt, daz my thang. Eingeschlagene Schädel, gebrochene Jochbeine, durch-schossene Stirnen, rausgerissene Augäpfel, zugenähte Lider, abge-bissene Nasenspitzen usw. Als Horrorcore-Rapper mit Affinität zu Splatter und Gore habe ich meine ganze musikalische Karriere über im Grunde nichts anderes getan, als zwei sprachliche Bildbereiche miteinander zu verknüpfen: den des menschlichen Körpers mit dem der Schuss-, Stich- und Schneidwerkzeuge.

Los damit ging es schon lange vor meiner musikalischen Karriere. Graphic Violence hat mich schon als Kind fasziniert, zum Leidwesen meiner Eltern liebte ich diese blutigen Erwachsenencomics. Und neulich wurde ich daran erinnert, dass ich einmal mit 14 oder 15 eine

Kurzgeschichte schrieb, in der jemandem der Schädel eingeschlagen wurde, und da soll die Formulierung »sein Gehirn sah aus wie brauner Matsch« drin gestanden haben. Hat wohl seinen Grund, dass ich mich nicht mehr daran erinnern konnte, und es zeigt ein weiteres Mal, dass noch kein Meister vom Himmel gefallen ist.

Das führt uns direkt zum nächsten Punkt, denn Gewalt ist zunächst einmal nur Gewalt, da steckt by default keine Poesie drin. Und wenn man nichts anderes macht, als Gewaltszenen zu kumulieren, führt das ganz offenbar zu meh, mja, gähn. Ein eingeschlagener Schädel ist ein eingeschlagener Schädel ist ein eingeschlagener Schädel, um es mit Gertrude Stein zu sagen.

Wenn man über eine so lange Zeit gewaltangereicherten künstlerischen Content produziert hat wie ich, macht man sich zwangsläufig irgendwann Gedanken darüber, wie sich Gewalt poetischer und damit eindrücklicher gestalten lässt. Man versucht, Gewalt nachfühlbarer, irritierender und wirkungsvoller abzubilden, und je mehr man darüber nachdenkt, desto intensiver hinterfragt man das Wesen der Gewalt und die Motive für explizite Gewaltdarstellungen.

Dieses Buch ist nicht nur ein Versuch, diesen gedanklichen Prozess abzubilden, es ist zugleich Teil des Prozesses selbst. Ich hatte das Glück, mit einer so inspirierenden wie klugen Kollegin über diese fields of gore zu stapfen, dabei bin ich um einige Erkenntnisse reicher geworden, was sich dann auch unmittelbar in den Texten niedergeschlagen hat. Und beim neuerlichen Lesen merke ich, wie sich im Kopf wieder das UffKrassUffKrassUffKrass einstellte. Zum Glück.

DAS SCHICKSAL DER VÖGEL, IN STEIN ZU ENDEN

Content Notes Vogelmord, Blut, Twitter, Fast Food

Jess

Als Anne den Vogel entdeckte, war sie wie verzaubert

Anne war am Ende der Straße zu Gast. Das Haus gehörte ihrer Tante, die aus der Küche heraus einen Kiosk betrieb. Dorf halt.

Anne ging immer nach Schulschluss hin und aß allein am Wohnzimmertisch vor dem Fernseher, während ihre Tante in der Mittagspause den Terrazzo-Boden wischte und dann etwas auf dem Sofa döste.

Als Mittagessen gab es für Anne meistens Currywurst mit Pommes und zum Nachtisch Eis aus der großen, tiefen Kühltruhe, die im Flur zwischen Ladenraum und privatem Bereich stand und genauso wie Annes junger Magen keinen Boden zu haben schien. Bum Bum, Ed von Schleck, Calippo. Und irgendwann kam Schokoriegel-Eis auf den Markt. Dann waren es für Anne Snickers und Bounty, weniger Mars. Erst vorsichtig mit den Schneidezähnen die Schokoladen-Ummantelung abknabbern, dann den Kern genießen. Nach dem Essen spielte Anne im Garten, der sich rund um das Haus ihrer Tante erstreckte. Hohe Bäume mit dichten Kronen spendeten Schatten und boten den Eichhörnchen und Vögeln Platz. Für Anne machten sie aus dem Garten einen Wald.

Eines Tages fiel ein Vögelchen aus seinem Nest und plumpste direkt vor Annes Füßen auf den Boden. Sie dachte erst, es wäre ein Zapfen, aber die sehen nicht aus wie Chicken Wings. Das Küken war schon etwas kräftiger. Erste Kiele schoben sich wie Bögen durch die Haut und dazwischen wuchs feiner, plüschiger Flaum.

Sie ging in die Hocke und sah dem Tier dabei zu, wie es versuchte, voranzukommen. Immer wieder hob es dafür den Kopf und stemmte die dürren Flügel in die Erde. Anne stupste das Tier mit ihrem knubbeligen Finger in die Seite. Es war leicht und gab nach, fiel einfach um und brauchte eine Weile, um wieder auf die Beine zu kommen. Anne hatte die Berührung kaum gespürt.

Das Vögelchen sackte wieder zusammen, nur sein Kopf bewegte sich hin und her wie der einer Ratte mit schlechtem Augenlicht. Es begann, in kurzen Abständen zu piepsen. Mit dem gesamten

Körper pumpte es wieder und wieder diesen kleinen, zarten Laut hervor.

Anne hatte im Gefühl, es würde nach seiner Mutter rufen. Schon als Kindergartenkind hatte sie gelernt, dass man kleine Tiere nicht anfassen dürfte, da sie sonst von ihren Eltern nicht mehr angenommen würden. Was im Falle von Vögeln absoluter Quatsch war, das wusste Anne aber nicht. Sie hatte den Vogel angestupst und glaubte, damit sein Schicksal besiegelt zu haben. Ihm nun seine Mama ersetzen zu müssen.

Ob die Vogelmutter ihnen vom Baum aus zusah?

Und ob Anne eine gute Mutter für ein Vögelchen wäre?

Sie starrte den kleinen Körper vor ihr an. Er zappelte wie ein mit nassem Tuch bespanntes Zelt im Wind. Mit einem Mal musste Anne ein Weinen unterdrücken. Sie schluckte den sperrigen Kloß Missstimmung herunter und wühlte die trockene Erde neben sich auf. Irgendwo mussten ihre Hände nun hin. Sie grub weiter, befreite winzige Ästlein von immer tiefer liegender, fester werdender Erde. Anne spürte die feuchte Kühle und wie es schwerer wurde, voranzukommen. Mit den Fingern kratzte sie kleine Mulden in das Loch im Boden, dabei stieß sie auf einen harten Gegenstand. Sie schabte rundherum und legte schließlich einen perfekten, glänzenden Stein frei, der wie ein Handschmeichler für sie bereitet schien. Sie nahm ihn auf, sein Gewicht wog schwer in ihrer Kinderhand.

Anne warf den Stein von der einen in die andere Hand, sie wiederholte dies einige Male, bis sie ein Gefühl für den richtigen Schwung, das Tempo, die Krafteinwirkung bekam. Sie ließ den Stein schwer und plumpsend auf den Boden fallen, machte sich dafür so groß sie konnte, streckte den Arm hoch zum Himmel. Einmal verfehlte sie den Vogel nur knapp und erschrak beim Gedanken daran, ein vom Himmel fallender Stein könnte ihn erschlagen.

Mit weit geöffneten Augen und dem Stein in der Hand besah sie das Tier, das noch immer vor ihr lag und hilfesuchend rief. Seine Augen waren halb geöffnet, kurz dachte Anne, es würde sie direkt ansehen. Sie ging in die Hocke, betrachtete das Tier von nahem, geduldig und aufmerksam. Dann machte sie eine Bewegung, hielt die freie Hand über die kleine Kreatur, wie um sie vor einem Angriff zu schützen.

Aber es war ein Segen.

Anne nahm die Hand wieder weg. Sie holte aus, ließ den Stein auf den Vogel niedersausen. Nur das Tier konnte hören, wie seine Knochen brachen.

Es blieb bei einem Schlag. Der Vogel war tot. Am Stein klebten Dreck und etwas Blut, Anne warf ihn von sich. So weit weg, dass sie ihn nie wieder fand. Sie sah sich um, sie war allein und fühlte doch das ganze Universum in ihrem Rücken warten.

Mit schnellen Blicken tastete sie den kleinen Vogelkörper nach Spuren ab. Er lag fast so da wie vorher, als das Blut noch pulsiert hatte, nur zitterte er nicht mehr und war still. An einer Stelle war die federlose Haut aufgerissen und ließ einen Blick auf sein Inneres zu. Teile von Organen lagen offen, glänzten dunkelviolett, während es langsam rot aus der Wunde quoll. Viel Blut war es nicht. Hastig stand Anne auf und ging weg. Sie wusste nicht, wohin sie wollte, es ging jetzt nur um die Bewegung weg vom Ort. Anne erreichte den Gartenzaun und hielt sich am warmen Holz fest, das sich spröde und bekannt anfühlte. Als sie die kurze Straße hinunterblickte, sah sie ihre Freundin Lilian, die in Reiterhose und mit Gerte in der Hand auf dem Weg zu ihrem Pony war. – Darum hatte sie heute keine Zeit zum Spielen gehabt. – Anne drehte sich weg, den kleinen Vogel konnte sie von hier nur erahnen. Das Loch, das sie vor dem Schlag gegraben hatte, wartete dunkel und ruhig.

Anne wusste, wie man diesen Ort nannte, wo der Vogel nun lag. Es war ein Tatort. Sie hatte einen Mord begangen. Als sie zurückging, schraubte sich ein Gefühl in ihrer Kehle hoch. Sie ließ es zu und weinte. Der Vogel war in ihrer Abwesenheit, ihrer Zeit am Zaun, nicht wieder aufgewacht. Er lag dort, verkümmert und schützenswert, armselig und krumm im kühlen Dreck.

Langsam kam Anne dem Vögelchen näher, sie formte mit den Händen eine flache Schale, schob sie behutsam unter den zarten Leib des Tiers. Es drehte sich, während es in die Kuhle ihrer Handflächen glitt, dabei wand sich der Kopf zum Himmel. Das Licht traf nichts, als es den Augen des Vogels begegnete. Da war nur noch die stumpfe

Trübe des Wegbleibens von allem, das lebt. Anne verzog den Mund, als es sie vor Erkenntnis schüttelte, ein Faden klaren Speichels rann an ihrem Kinn hinab.

Langsam und feierlich legte sie den Vogel in das Loch und bedeckte ihn behutsam mit trockenem Laub. Annes erste Beerdigung. Zunächst streute sie ganz vorsichtig lockere Erde über das Tier, wie um es nicht noch mehr zu verletzen. Dann schob sie Schicht um Schicht mehr Erde in das Loch und klopfte schließlich alles fest, bis ein kleiner, erhabener Hügel darauf hinwies, dass es sich hierbei um ein frisches Grab handelte.

Sie stand auf und faltete gewissenhaft die Hände, ohne zu wissen, wozu. So dachte sie eine Weile nach. Über die fast durchsichtigen Federkiele, die suchenden Augen, das Eis in der Kühltruhe und über Lilian. Dabei hielt sie Ausschau nach der Vogelmutter, bekam sie jedoch nicht zu Gesicht. Weinen musste Anne nun nicht mehr, nur noch ein bisschen aushalten, bis das grimme Gefühl langsam nachließ und sie weiterspielen konnte. Als sie hörte, wie ihre Tante die Tür zum Kiosk öffnete, beschloss Anne, dass die Trauerfeier vorbei war.

SCHWARTZ

Apropos toter Vogel,
liebe Jess, beim Lesen deiner Geschichte erinnerte ich mich an so eine Art Erleuchtungserlebnis, das ich dank Bildinformation in der Handyfotogalerie ziemlich exakt datieren kann: Es war Mittwoch, der 13. Oktober 2021 um 7:35 Uhr morgens.

Ich trottete auf dem Weg zur Arbeit in Richtung U-Bahn, schlecht gelaunt, die Gedanken so dunkel wie mein Mantel. Der Oktober schleppt den Tod und das Nichts nicht zufällig sublim in seinen Os mit herum.

Auf Höhe des Tempelhofer Hafens erblickte ich im Grau des Bordsteinpflasters eine blutrote Botschaft, eingebettet in ein anderes, organisches Grau. Ich schoss ein Foto, weil pics or it didn't happen, and here we go:

Jetzt, da ich mir das Foto erneut ansehe, kann ich auch die
Vorstellung wieder abrufen, die ich damals hatte, als es plötzlich
blutrot in meine schwarzen Gedanken tropfte. Der zerfließende

Farbklecks in meinem Gehirn formte eine Gewissheit von numinoser Klarheit: Das war nicht das gefiederte Flügelskelett einer Taube, nein, hier hatte man einem Engel die Flügel ausgerissen.

Die Vorstellung war so zwingend und absolut, dass ich sie Wirklichkeit werden lassen musste. Also schickte ich das brutale Bild mit der Caption »Heute Nacht wurden einem Engel die Flügel ausgerissen« ins Internet. Diese poetische Wirklichkeit war dort etwa zehn Minuten lang sichtbar, dann löschte ich meinen Tweet, weil eine Freundin – und gemeinsame Bekannte von Ihnen und mir übrigens, Frau Tartas – mich in einer Direktnachricht anschrieb und auf die Unangebrachtheit von Gore zur Morgenstunde hinwies, ungeachtet aller Poesie.

Zum Glück für dieses Buch löschte ich nur den Tweet, nicht aber das Foto, denn so kann ich es jetzt, am Samstag, dem 30. Juli 2022 um 11:12 Uhr, nachdem ich mich erneut in diesen epiphanischen Moment versetzt habe, hier in den Text einbetten und dir, Jess, alles zusammen zuschicken.

Dabei werde ich unterbrochen: es klingelt an der Tür. »Amazon-Lieferung, müsste nur ins Haus«, geistert die Stimme in der Gegensprechanlage, gut, soll er, bzzzz, Schritte im Hausflur, gehetztes Atmen, der Prime-Kurierfahrer trampelt die Treppen rauf, derweil in meinem Kopf immer noch der flügellose Engel herumspukt. Was bedeutet es, wenn man einem Engel die Flügel ausreißt?

Engel sind Boten Gottes, sie kommen herab auf die Erde, und ohne Flügel können sie sich nicht mehr hinauf in den Himmel schwingen, ihren numinosen Kurierdienstjob nicht mehr ausüben. Sind Engel ohne Gottesbotentätigkeit überhaupt noch Engel?

Wie es wohl dem Engel vom Oktober vorletzten Jahres ergangen ist? Was tut er gerade, irdisch geworden, menschlich, mit zwei großen, schwer erklärbaren Narben am Rücken? Hast du eine Vorstellung?

Eine himmelschreiende Ungerechtigkeit jedenfalls, das alles. Man reißt einem Engel nicht die Flügel aus. Genauso wenig, wie man einem ausgebeuteten Amazon-Prime-Fahrer die Reifen seines Lieferwagens zersticht.

Jess

Hinsehen müssen

Die kleine Jae saß an einem unbestimmten Tag in den 1990ern mit ihrer Mutter in einem winzigen, keiner Kette angehörigen Fastfood-Restaurant und aß einen Cheeseburger, als ein Transporter in die enge Gasse einbog. Die Innenstadt war voller Tauben, das Pflaster aus Kopfstein.

»Guck da nicht hin«, sagte ihre Mutter einen Augenblick später.

Jae wusste, es war etwas Schlimmes passiert, und sie würde später hinsehen, wenn sie das Restaurant verließen. Etwas Zeit verging. Sie aßen in Ruhe, standen auf und gingen die schmale Treppe hinab auf die Straße. Es roch nach Sonnenmilch und Brötchen. Bürgersteige gab es hier nicht, die Wege waren für alle da. Als ihre Mutter sie bei der Hand nahm, spürte Jae den Zug hinter dem Griff. Wenn sie einen Blick auf das Unglück erhaschen wollte, würde sie schnell sein müssen. Menschenfüße, Hunde, Moos. Dann endlich sah sie Blut und Federn auf runden Steinen liegen. Inmitten dieser abgeschürften Teile erhob sich ein Körper, der nicht länger Taube war. Weich und gestaltlos, samtig schimmerndes Inneres von etwas, das nicht mehr existierte.

Mit weit aufgerissenen Augen sog Jae den Anblick auf, speicherte ihn in sich ab, um ihn niemals zu vergessen.

SCHWARTZ

Malmen

Der Begriff »samtig« inmitten deiner Beschreibung des Todes, liebe Jess, ließ mich unwillkürlich an die Auskleidung von Särgen denken.

Wenn du erlaubst, möchte ich anhand deiner Geschichte über die getötete Taube kurz aufzeigen, wie mein Gehirn funktioniert. Das könnte beim Nachdenken über Gewalt und Poesie eventuell relevant sein.

Beim Lesen autovervollständigte der olle Schwamm im Ventrikelwasser aka mein Gehirn den offscreen stattfindenden Akt des Überfahrens mit »Zermalmen«. Das Lexem davon, »Malm«, ist zugleich ein veralteter chronostatischer Begriff für das Erdzeitalter Oberjura, das den Zeitraum von vor 160 bis 145 Millionen Jahren umspannt. In den Gesteinsschichten des Oberjura wurden die fossilen Überreste des Archaeopteryx gefunden, jener rabengroßen Übergangsform zwischen Dinosauriern und Vögeln.

Malm, Urvogel, Gesteinsschichten, das sind die random Infos, die mein quizwissenversifftes Gehirn ausspuckt, und nun möchte es von mir, dass ich ihnen Poetizität einhauche. Es ist ein wenig wie beim Freestyle-Rap, nur dass ich statt passender Reimworte nach passenden Assoziationen suche.

Angesichts der zermalmten Taube auf der Straße frage ich mich, ob dieser brutale Vogeltod nicht auch als künstlerische Hommage an den fossilen Urahn lesbar ist. Oder ob es nicht einfach das Schicksal der Vögel ist, in Stein zu enden. Bedenkt man die symbolische Bedeutung des Vogels, Freiheit, lässt sich das Ganze auch als eine Allegorie lesen. Zumindest um 7:54 Uhr und vor dem ersten Kaffee.

Jess

Sicher sterben

Auf dem Weg in die Stadt sah ich einmal eine Amsel auf dem Bürgersteig liegen, ruhig und wartend. Sie sah aus, als würde sie sterben, also rief ich eine Tierärztin an, fragte, was man machen könnte, und sie sagte, man ließe am besten der Sache ihren Lauf.

Wenn Vögel die Wahl haben, dann ziehen sie sich zum Sterben an einen Ort zurück, an dem sie sich sicher fühlen. Dichtes Unterholz und Gebüsch gefällt ihnen gut. Ich hoffe, ich war der Amsel eine gute Begleitung inmitten der Stadt und ihren Steinen.

Das Fast-Food-Restaurant hat geschlossen, für immer. Wie viele kleine Läden, die nicht zu Ketten gehören, konnte es sich nur für eine gewisse Zeit halten. Der Raum, die Ladenfläche, beherbergte in der Zwischenzeit zwei verschiedene Geschäfte für Strümpfe.

Ich kaufte in einem der beiden mal eine Strumpfhose für zehn Euro. Den Preis habe ich mir gemerkt, weil er an sich okay ist, aber nicht für eine Strumpfhose, die nicht lange hält. Seit dieser schlechten Erfahrung kaufe ich Strumpfhosen nur noch im Internet, und Boten klingeln an der Tür, bringen sie mir. Stationären Strumpfgeschäften bringe ich damit den Tod.

Kaffee willst du, Raffi? Da, wo ich gerade in Gedanken unterwegs bin, kann ich dir keinen Kaffee mehr besorgen. Alles zu, und die Strumpfgeschäfte hätten ohnehin nicht geholfen. Wobei ein durch eine Strumpfhose gefilterter Kaffee etwas für sich hat, wenn ich darüber nachdenke. Mir gefällt das Bild. Durch schwarze Strumpfhosen gefilterter schwarzer Kaffee. Allerdings bestehen Strumpfhosen aus Polyamid, und Hitze bekommt der Kunstfaser nicht. Aus gesundheitlichen Gründen möchte ich doch lieber auf strumpfhosengefilterten Kaffee verzichten. Aus poetischen Gründen möchte ich ihn aber nicht gleich verbieten.

Polyamid wird aus Erdöl gewonnen und damit aus Dinosauriern und somit auch aus einer Art Vögel, so schließt sich der Kreis. Während ich in meiner Erinnerung den Bordstein entlang gehe, trage ich den Urvogel.

Wie viel Freiheit steckt noch in dir, nachdem du bereits viele Jahre gelebt hast?

SCHWARTZ

Star

In meinem Auge wird ein grünes Küken ausgebrütet. Ein flauschiges grünes Küken, es schwimmt zusammengerollt im Eiklar des Glaskörpers und wartet auf den Tag, an dem es schlüpfen und mein Auge mit einem blutigen Plopp aus dem Schädel platzen wird.

Von der Existenz des Kükens erfuhr ich, als ich beim Bürgeramt einen Reisepass beantragte. Die Sachbearbeiterin notierte meine

Eckdaten und meinte dann, sie müsse nun meine Augenfarbe
feststellen. Ich nahm die Sonnenbrille ab, sie beugte sich vor und sah
mir so tief in die Augen, als würde sie mir gleich ein Liebesgeständnis
machen wollen. Plötzlich aber verengten sich ihre eigenen Augen
und sie rief: »Also, da in dem einen Auge ist auf jeden Fall ein
Grünstich.«

Das war mir neu. Wieder zuhause angekommen, stellte ich
mich vor den Spiegel und erforschte eingehend mein Sehorgan –
ein merkwürdiger Vorgang, als würde man sich selber in die Seele
schauen wollen. Und dann, hinter Iris, Augenkammern und Pupille
entdeckte ich das grüne Küken, eingehegt in die Schale der Netzhaut.

Ich erzählte der Sachbearbeiterin davon, als ich sie beim
Pausemachen in der Bäckerei am Tempelhofer Damm traf und wollte
von ihr wissen, ob es auf Reisen, wenn irgendein Flughafenscanner
den Mitreisenden in meinem Auge entdecken würde, Probleme
geben könnte. Aber sie sagte nur: »Alter, hör auf, mich in meiner
Mittagspause anzugraben. Ich kenne das Bukowski-Gedicht mit dem
blauen Vogel im Herzen. Was ihr Dudes euch immer denkt, ey.
Eure Augenfarbe zu prüfen, ist mein fucking Job und sonst nichts.
Und nur weil man euch aus beruflichen Gründen in die Augen
gucken muss, denkt ihr, man hätte eine bEsOnDeRe vErBiNdUnG
oder so, tsss!«

Ich verabschiedete mich höflich und hoffte, sie nie wiederzu-
sehen. Auch wenn mir das Küken im Auge weiterhin Sorge bereitete,
vor allem seine Farbe. Man würde denken, das Küken wäre von einem
natürlichen Grün, es wäre grasgrün, waldgrün oder moosgrün. Aber
weit gefehlt: es ist absinthgrün, mitisgrün, giftgrün. Ja, regelrecht
neongrün leuchtet es, wenn ich genauer hinschaue. Das Küken
in meinem Auge ist von jener Farbe, die in B-Movies aus Fässern
austritt, auf denen »Danger! Radioactive!« steht, die von Lastern
fallen und in abgelegene Seen rollen, damit anschließend mutierte
Taranteln oder dinosauriergroße Alligatoren aus dem Gewässer
kriechen und eine US-amerikanische Kleinstadt terrorisieren.

Ich bin also ein wenig besorgt darüber, was mein eines Auge
sehen wird, wenn das andere mit einem saftigen Plopp zerplatzen
und das grüne Flauschküken aus der blutigen Augenhöhle tapsen

wird. Bei meinem Glück passiert mir das direkt in der Sicherheitsschleuse des Flughafenterminals, und umgehend wird ABC-Alarm ausgelöst, militärische Spezialkräfte in Ganzkörperschutzanzügen, mit Maschinenpistolen im Anschlag rücken an und schießen den menschlichen Brutkasten dieser giftgrünen Kopfgeburt über den Haufen.

Andererseits bin ich gerade über den Wolken, es ist nichts passiert, und mein einseitiger Kopfschmerz könnte auch von etwas anderem herrühren. Zum Beispiel von meinem Starren in die Sonne, die hier oben so hell und schön wie nirgendwo sonst ist. »Sich zwingen, in die Sonne zu sehen, um zu sehen, was niemand sieht«, schreibt Ianina Ilitcheva. »Denk jetzt bloß nicht, wir hätten eine bEsOnDeRe vErBiNdUnG oder so«, sagt die Sonne. Wäre der Versuch, ihr in die Seele zu schauen, es wert, zu erblinden? Ich nehme die verspiegelte Brille ab. Star.

NICHT WARUM, SONDERN WIE – DIALOG ÜBER GEWALTREZEPTION

Content Notes Splatter, Gore, Sex, Blut

Jess Lass uns von ästhetisierter Gewalt schwärmen! Und lass uns dabei nicht nach dem Warum fragen, wie in »Warum spielen Menschen Shooter?« oder »Warum sehe ich mir das eigentlich an?«, sondern nach dem Wie. In der Frage nach dem Wie steckt zwar auch das Warum, im Warum jedoch selten das Wie. Ich aber will wissen: Wie nehmen wir Horror, Gewalt und Kampf wahr, wenn sie uns interessieren, faszinieren, unterhalten? Darum lass mich unser Gespräch so eröffnen: Wie findest du Gewalt gut?

SCHWARTZ Gewalt finde ich gut, wenn sie so ästhetisiert ist, dass sie nicht wehtut. Wenn eine Figur mit einer Schrotflinte den Kopf weggeblasen bekommt, ist das ein Klischee, es ist auch ziemlich abstrakt. Das ist Gewalt, die ich entspannt in Liegeposition goutieren kann.

Wenn die Figur aber die Schrotflinte in den Mund gerammt bekommt und dabei hörbar die Schneidezähne wegbrechen, dann ist das nicht abstrakt. Das tut weh. Das ist Schmerz. Nicht goutierbar.

Jess OMG, same! Ich habe mich mal eine Weile lang mit Empathie als Methode der Kunstbetrachtung befasst. Mir fällt da sofort ein, dass wir nachempfinden können, wie es ist, wenn einem ein Stück vom Zahn abbricht. Also, ich kann das und ich weiß, dass du das auch kannst. Es soll ja Menschen geben, die ein gesundes Gebiss haben,– sie würden das Bild von den wegbrechenden Schneidezähnen vielleicht anders empfinden. Wir beide jedoch wissen um das Knirschen und Krümeln zerbrochener Füllungen und abgesplitterter Zahnecken. Wir beide wissen, wie Blut schmeckt. Wir wissen, wie es sich anfühlt.

Wie es ist, wenn einem mit einer Schrotflinte der Kopf weggepustet wird, wissen wir nicht. Darum können wir es nicht nachfühlen, darum müssen wir es nicht nachfühlen. Gewalt sehen und sie mitempfinden ist auch der Nachhall eigener Erfahrungen. Wenn der Körper eines Menschen maximal brutal und grotesk

als Enterhaken benutzt wird und sich jemand an den Gedärmen
eines Menschen abseilt wie im Exploitation-Film *Machete*, dann
macht es mir nichts aus. Müsste der arme Enterhaken-Mensch
sich jedoch selbst befreien und freischneiden, wäre das Zusehen
für mich unangenehm, weil ich mir aufgrund selbst erlebter
Schnittverletzungen vorstellen kann, wie es ist, etwas von sich
abzuschneiden oder zu durchtrennen.

SCHWARTZ Relatable. Andererseits gibt es aber auch diese
exzessive Darstellung expliziter Gewalt, die unerwartet doch weh
tut. Konkret fällt mir da Pasolinis *Die 120 Tage von Sodom*-Verfilmung
ein, es trifft aber auch auf manche B-Movies zu. Einige Filme wirken
sehr unangenehm nach; im Nachgang an sie zu denken, ist wie eine
unangenehme Berührung an der Zahnwurzel. Ich schätze, das hängt
mit der Machart zusammen. Bei *Sodom* etwa fehlt der kathartische
Effekt, beziehungsweise die Erlösung tritt nur deshalb ein, weil
die Figuren, die den ganzen Film über gefoltert werden, endlich
»sterben dürfen«. Das ist trotz der feierlichen Inszenierung und der
technischen Darstellung auf dem Niveau von 1975 einfach zu nah an
der Realität. Obwohl man nicht nur weiß, sondern auch sieht, dass
das nicht echt ist, ist es extrem unangenehm.

Bei solchen Filmen tritt auch nicht dieser Gewöhnungseffekt
ein, den ich etwa bei Büchern von de Sade, aber auch von Extreme-
Horror-Autoren wie Edward Lee an mir beobachtet habe: Wenn
überzogene explizite Gewalt die gesamte Darstellung bestimmt,
stumpft man nach dem ersten Schockeffekt schnell ab und bleibt
dann unbeeindruckt.

JESS Wenn schnell und viel gemetzelt wird, ein Schlag den
nächsten ergibt, im Hintergrund die Kulisse explodiert, alle schreien,
und das Blut die Kameralinse trifft, dann ist das »Ultra Violence«.
Dann ist der Filmtod nicht mehr außerordentlich, sondern der
Normalzustand. Darauf bin ich grundsätzlich auch eingestellt,
obwohl es doch immer wieder aufs Neue überrascht, wenn es mit der

krassen Gewalt losgeht. Ich weiß, ich sehe gleich etwas, das mich an den Rand des Schreckens bringt. Wie aufregend!

Noch etwas Erstaunliches geschieht mit mir beim Zusehen: Ich muss meistens lachen. Dabei ist an abgetrennten Gliedmaßen nichts witzig. Es ist der absurde Rahmen, das überzogen Gewaltvolle, was den Humor mitbringt. Oftmals halte ich mir die Hand vor den Mund, so, als ob ich es nicht fassen könnte. Aber dann bricht ein teils amüsiertes, teils überfordertes Giggeln aus mir heraus. Wann lachst du im Kontext von Gewalt, Raffi?

SCHWARTZ Ja, auch ziemlich genau dann, wenn Gewalt völlig überzogen dargestellt wird. Aber manchmal auch, wenn in ernsthafteren Filmen so eine Splatterszene kommt, die mich wirklich fertigmacht. Dann lache ich, um Entspannung zu erzwingen, um kurz Luft holen zu können. Das funktioniert allerdings nicht bei Filmen wie *Funny Games*, in denen die Gewalt nur angedeutet wird und ansonsten im eigenen Kopf stattfindet. Diese Art der latenten Gewaltdarstellung ordne ich per se bei Schmerz ein.

Die Darstellung der Kombination aus Sex und Gewalt empfinde ich persönlich immer als ekelhaft, das ist für mich nie goutierbar, egal, wie es inszeniert wird. *Irreversible* und *Show Girls* habe ich vor Jahrzehnten gesehen, jeweils nur einmal, aber die Bilder haben sich auf unangenehme Weise in meinem Gehirn festgebissen.

Ich finde es grundsätzlich aber interessant, mich auch krassen Abwehrreaktionen auszusetzen. Ein Teil von mir will oder braucht das wohl irgendwie, manchmal zumindest. Mehr so, als wollte ich mich zwischenzeitlich testen.

Letztens habe ich *Hogg* von Samuel R. Delany gelesen, und das war das erste Mal, dass mir beim Lesen eines Buches richtig schlecht wurde und ich es weglegen musste. Kannst du das nachvollziehen? Würdest du Ekel auch bei Gewalt einordnen?

JESS *Showgirls* ruft in meiner Erinnerung eher ein leichtes Cringe-Gefühl auf. Aber ich kenne Ekel von anderen Filmen, habe

Unwohlsein empfunden, manchmal fast ins Kino gekotzt, nachdem ich etwas sah, das ich nicht sehen sollte. Ekelgefühle habe ich, wenn ich mich vor etwas schützen möchte, vor etwas, das nicht gut für mich ist, vor etwas, das gefährlich für mich wäre. Ekel erfasst mich, wenn eine Grenze des mir im Moment oder generell Zumutbaren im Begriff ist, überschritten zu werden. Am heftigsten spürte ich es bei Tarantinos *Django Unchained*. Der Mandingo-Kampf auf Leben und Tod zwischen zwei versklavten schwarzen Menschen hatte gerade begonnen, und Calvin Candie amüsierte sich köstlich darüber, wie sie entweder ihr Gegenüber umbringen oder selbst sterben mussten: ultimative Grausamkeit.

Ich sah das Leid, die Schläge, das Ringen, hörte das Gelächter der Zuschauer im Film, die schwere Atmung der Kämpfenden. Ich roch den Schweiß, die Angst, die Verzweiflung. Ich konnte die Ungerechtigkeit fühlen und mir wurde übel. Reflexhaft kniff ich meine Augen zusammen und hielt mir die Ohren zu, ließ langsam und kontrolliert meinen Atem fließen, ein und aus, ein und aus, wartete ab, bis es vorbei war. In meiner Vorstellung ist einer von ihnen gestorben und der andere beinahe. Wie es im Film ausging, weiß ich bis heute nicht.

So heftig spürbarer Ekel konnte in mir entstehen, weil diese grausame Szene Menschen zeigte, die explizit Lust am Machtmissbrauch empfinden, was mich abstößt, und ich auch mit den Betroffenen dieser Gewalt mitfühlen konnte. Meine Vorstellung, nicht nur von Ästhetik, sondern auch von Moral, wurde dabei aufs Äußerste herausgefordert. Indem mein Körper in dieser Situation so extrem reagierte, schützte ich mich selbst vor einer Erfahrung, die ich nicht machen wollte. Meine körperliche Abwehr, der Ekel und die Übelkeit, haben mich aus dem Moment gezogen und in Sicherheit gebracht.

Jene Menschen, die mich in diese Lage bringen wollten, die mich mit ihren Bildern heraus- und fast überforderten, haben so gesehen Gewalt an mir ausgeübt. Sicherlich wollten sie nicht wirklich, dass konkret mir im Kino schlecht wird und ich mir Augen und Ohren zuhalte. Aber dass ihre Bilder solche Reaktionen hervorrufen können, dürfte ihnen bewusst gewesen sein.

Diese Gewalt fand ich offensichtlich ekelhaft. Doch weißt du, was ich liebe, Raffi? Wenn sich zwei Menschen in einem Boxkampf die Fresse polieren und jemand k.o. geht. Einmal besuchte ich die Weltmeisterschaft in Muay Thai Mittelgewichtsklasse und bestaunte sieben Stunden am Stück einen Kampf nach dem anderen. Schon im ersten Kampf des Tages hatte jemand so sehr eins übergebraten bekommen, dass ich wusste: Das wird ein guter Tag für mich. Beim sportlichen Kampf sind die Regeln klar, alle machen das freiwillig, sind durchtrainiert, so dass die Voraussetzungen für Fairness gegeben sind. Selbst bei einem heftigen Kampfsport wie Muay Thai, wo sich die Fortgeschrittenen ohne Kopfschutz und mit baren Fäusten bearbeiten, stehen Ringrichter*innen dabei und achten darauf, dass am Ende niemand stirbt. Wenn ich nicht so unglaublich keine Lust hätte, Schläge zu kassieren, würde ich den Sport selbst machen, weil er so kraftvoll auf mich wirkt.

Meine persönliche Vorstellung von einem moralischen Wertesystem ist also wichtig für mich, wenn ich Gewalt betrachte. Es ist okay, wenn die Bösen sterben, auch, wenn sie zu Hunderten fallen, wie in *Star Wars*. Da verlieren Stormtrooper ohne Ende ihr Leben, aber es ist für mich okay, denn sie stehen für das Böse. (Außerdem sehen sie mehr wie Roboter als wie Menschen aus.)

Wenn du möchtest, erzähl' du doch mal von der Moral und dem Bösen in deinem Schreiben.

SCHWARTZ Das ist eine gute Frage, liebe Freundin, noch vor drei, vier Jahren hätte ich sie mit einem locker aus der Hüfte geschossenen, für Interviews vorgefertigten Statement beantwortet:

> Schwartz mit tz ist schwärzer als Schwarz, das absolute Negativ von allem Guten, Positiven, Schönen. Der Schatten des kollektiven Unbewussten im Jungschen Sinne und als solcher legitimiert, jede erdenkliche Spielart des Bösen künstlerisch darzustellen.

Auf dieser expliziten Negativität ruhte ich mich lange Zeit aus, bis ich irgendwann gemerkt habe, dass das eine unterkomplexe und vor allem absolut nicht mehr zeitgemäße Erklärung ist.

Zum einen ist »das Böse« ja spätestens seit den 2010er-Jahren komplett im Mainstream angekommen, mit Serien wie *Hannibal* oder *Dexter*, wo bewusst der Bösewicht und seine Motivation in den Mittelpunkt gerückt werden. Zum anderen kübeln uns die Sozialen Medien schrankenlos und filterfrei alle nur erdenklichen Gräueltaten direkt aufs Display: Pogrome, Kriegsverbrechen, Terroranschläge, Massenexekutionen, Enthauptungen, Kastrationen, Vergewaltigungen, Revenge Porn. Was »das Böse« macht, lässt sich live und überall mitverfolgen.

Die Inception hierfür wurde übrigens von unserer lieben Verlegerin gesetzt: In einem unserer ersten Gespräche, einem Twitterchat von 2019, merkte Frau Frohmann an, dass es wegen der o. g. Punkte im Grunde keiner Kunstfigur mehr bedurfte, um explizite Gewalt wahrnehmbar zu machen.

Ein komplexer und oft auch anstrengender Reflexionsprozess über mein Tun und Lassen begann, der bis heute anhält. Ein wenig Richtung bekam ich durch die Corona-Pandemie und das Verhalten der »Querdenker«, gegen die ich wirklich enorme Gewaltphantasien entwickelt habe. Was da in mir heranwucherte, musste irgendwie kanalisiert werden – künstlerisch, meine ich natürlich.

Es geht mir also immer weniger um das, was man darf, als um das, was man sollte, und es geht mir auch nicht um das Ob, sondern um das Wie. Wie müssen meine künstlerischen Gewaltdarstellungen gestaltet sein, damit eine Gesellschaft, die 24/7 mit Gewaltdarstellungen in jeder erdenklichen Form konfrontiert ist, sie obendrauf noch gebrauchen und sogar goutieren kann?

Das Ob war für mich noch nie eine moralische Frage, ist es bis heute nicht. Spannend finde ich heute die Frage: Wie kann ich ästhetisierte Gewalt für etwas anderes als anachronistischen Selbstzweck, vielleicht sogar für etwas Progressives nutzen?

𝕵𝖊𝖘𝖘 Mitte 2023 hatte ich auf einem Festival einen Auftritt und bereitete mich und meinen Text dafür vor. Der Tag war ohnehin schon voll: Am Vormittag gab es eine einstündige Radiosendung zum Festival, in der mein Mann live interviewt wurde, mega aufregend.

Dazu hatte ich Besuch – geliebten, tollen Freundinnenbesuch, aber trotzdem halt Besuch, das ist ja auch immer besonders und kickt einen so ein bisschen aus der Routine raus –, und dann wollte ich am Nachmittag auch noch einen Text lesen, den ich vorher mit niemandem geteilt hatte. Eine Premiere. Etwas aufgeregt las ich ihn dann doch zu Hause meiner Freundin vor, sie sollte mir sagen, wo es vielleicht noch hakte, wo es Verbesserungsbedarf gab. In meinem Text ging es um Friedhöfe, Tod und Macht. Ein echter Krachertext also für fröhliche Festivals! Natürlich nicht, das wusste ich. Erwartungsvoll sah ich meine Freundin an und fragte sie, ob der Text zu schwer, zu traurig, zu ernst sei. Sie überlegte kurz und sagte, ja, er sei schwer, traurig und ernst. Aber auch hoffnungsvoll, ehrlich und eben das, was ich erzählen wollte. Und nicht jeder Mensch könnte wie ich über den Tod schreiben und es so verpacken, dass man es ihm glaubt.

Dennoch nagte an oder, besser, in mir die Frage, weshalb ich überhaupt einen Text über den Tod vorlesen sollte, wenn doch die meisten Menschen ohnehin wussten, wie es ist, jemanden zu verlieren? Sie wollten sich vielleicht lieber ihre eigenen Gedanken dazu machen und brauchten meine gar nicht.

Diese Überlegung ist deiner gar nicht unähnlich, Raffi. Wir fragen uns: Wozu über Bekanntes schreiben und, wenn ja, wie? Alles war schon da und ist bekannt. Aber alles ist auch immer noch real und Menschen betreffend. Für die Themen, die uns im Alltag und in den Medien immer wieder begegnen, braucht es Menschen, die sie künstlerisch aufbereiten. Gewalt, in welcher Form auch immer, hat genau die gleiche Berechtigung und Notwendigkeit, künstlerisch transformiert zu werden wie andere Universalthemen. Gewalt und Tod gehören in eine Reihe mit Liebe, Sex, Freundschaft, Leben.

Jess [23.08.2023 14:47]
(Ist das nicht ein okayes Schlusswort, um hinüber
ins Künstlerische zu gleiten?)

Raphael [23.08.2023 21:34]
Ja!!

Wie stellst du dir die Überleitung vor?

Jess [23.08.2023 21:44]
Wozu schreiben? Weil ich, wenn ich nicht schreibe,
tot bin, darum.

Vielleicht Selbstauflösung, Zerfleischung,
Verschwinden, wenn nicht Kunst passiert oder aber,
wenn sie passiert.

Raphael [23.08.2023 21:50]
Toll. Toll toll toll.

Danke! Das ist guter Input.

Jess [23.08.2023 21:54]
Habe eine Idee für einen Text dazu. Ich probiere
morgen mal rum und du musst sagen, wie du es findest.

Raphael [23.08.2023 21:54]
Aye!

ANSAGE

Content Note: WUT

Stimmbänder, Zunge, Lippen durchladen
Alles sagen, was querschießt
Durch das Hirn, die Adern, die Hände fließt
Niemand hat nach Gewalt gefragt
Trotzdem ist sie da, sagt

Hat hier jemand um Hass gebeten?
Treten Sie näher, treten Sie rein
»Die meisten Täter sind nur schrecklich allein.«
Das ist eine Lüge, Alter

Verwalter von 1000-jährigen Strukturen
behaupten das, gegen Kinder, Kranke und Huren
Deren Leben ist ein Minenfeld
Rechts, links Armut und dazwischen alles,

was anderen nicht gefällt
wird weggesprengt, erhängt, kaputt gemacht
Leben leise in Asche und Schutt gelacht

Kennt ihr das Meme?
Gruppe weißer alter Männer feixt sich schlapp
»Und dann habe ich ihr gesagt: ›Wir können Ihre Anzeige wegen
Körperverletzung nicht verfolgen, denn Sie sind selbst schuld, Ihr
Rock war zu knapp.«

Haha haha...halt die Fresse
Und bitte, jemand halte auch mich

Auf meiner Zunge sitzt ein Ungeheuer
speit unablässig Abwehrfeuer

Fühle, bald ist mein Patronengürtel leer, denn
ich kann eigentlich schon lange nicht mehr

SIEBENHUNDERTVIERZIGTAUSEND

Content Notes: Brutale Gewaltverbrechen, nackte Zahlen,
der Untergang der Welt

Es ist Schwartz, und er will einen Text schreiben, in dem er so viele
Menschen wie möglich umbringt.

Einen autofiktionalen Text, in dem ich schwarz gekleidet und mit
einer Shotgun durch Straßen laufe, die von langen Erdbebenrissen
durchzogen sind, weil unter ihnen ein dröhnender Höllenschlund
aufbricht und Autos, Häuser, schreiende Menschen in die Tiefe
reißt, während der Himmel ein sturmgepeitschter Ozean aus
schwarzem Feuer ist, und ich laufe über den bröckelnden Asphalt,
zickzack zwischen den einstürzenden Gräben und Löchern, und
schieße den panisch herumrennenden Passanten die Schädel mit
Schrotgarben von den Schultern, und wenn Leute sich an Klippen
der eingestürzten Erdlöcher festhalten, trete ich ihnen auf die Hände
und sehe zufrieden lächelnd dabei zu, wie sie schreiend in den
Abgrund fallen.

Es ist Schwartz, und während er dieses apokalyptische Szenario
niedergeschrieben hat, sind bereits 24 Menschen umgebracht
worden, irgendwo auf der Welt, einige womöglich in Caracas, denn
die Hauptstadt Venezuelas ist mit einer Mordrate von 140 Opfern pro
100.000 Einwohnern die gefährlichste Stadt der Welt, oder in den
USA, wo es im Jahr 2017 173.500 Mordopfer gab.

740.000 Menschen sterben weltweit jährlich durch Gewaltverbre-
chen, die Mehrheit außerhalb von Kriegsgebieten, das sind mehr
als 2.000 Tote pro Tag, 83 pro Stunde; mit jedem Wort, das den Text
verlängert, steigt die Wahrscheinlichkeit, dass noch jemand stirbt:
erschossen, erwürgt, totgeschlagen, erstochen wird, dass noch ein
Höllenschlund aufbricht und einen Menschen seine persönliche
Apokalypse erleben lässt.

Es ist Schwartz, und er ist der Ansicht, dass Weltuntergänge, wie die Offenbarung im Christentum oder Ragnarök in der nordischen Mythologie, nichts anderes als weltumfassende Metaphern für das Sterben des Individuums sind. Weil der eigene Tod eine dermaßen unvorstellbare Angelegenheit ist, dass man ihn auslagern muss und lieber solipsistisch gleich die ganze Welt sterben lässt, denn nicht mehr zu sein, ist erträglicher, wenn auch sonst nichts mehr ist.

Wer infolge einer Krankheit oder an Altersschwäche stirbt, hat meistens die Gelegenheit, halbwegs entspannt die fünf Phasen des Sterbens zu durchlaufen, seinen Frieden mit der Welt und sich zu machen, wozu auch gehört, dass man dem Planeten gestattet, sich weiterdrehen zu dürfen, auch wenn man selber nicht mehr darauf herumlaufen wird.

Wer ermordet wird, hat dieses Privileg nicht, er kann sich nicht vorbereiten, wird aus dem Leben gerissen, und da ist es nur fair, wenn man ihm gestattet, die übrige Welt mit ihm untergehen zu lassen, damit er nicht allein im großen Nichts ist.

Es ist Schwartz, und seit dem Beginn der Niederschrift dieses Textes sind 92 Menschen ermordet worden, irgendwo auf der Welt, es ist ein einziges großes Töten auf dieser blauen Dungkugel, die ein Mistkäfer durchs Weltall schiebt, ich ziehe den Mantel aus, packe die Schrotflinte beiseite und lege mich in einen Garten unter einem roten Himmel, weil es nichts mehr für mich zu tun gibt.

𝕵𝖊𝖘𝖘

HERZ VOLLER GESPENSTER

Content Notes: Dissoziatives Vermissen und in Gräber

f

a

l

l

e

n

Blumen rascheln shhh
Ein Herz bricht crunch

Mit jedem Verlust entsteht in mir ein neuer Pfad, der mich dahin führt, wo alles ist, wie es einst war. Wenn ich unachtsam bin, halte ich mich dort zu lange auf und verliere mein Augenlicht. Die Welt der Lebenden ist mir dann ein Ort aus Teer und Ruß, an dem ich nicht mehr bleiben will. So sterbe ich manchmal auf dem Weg in die Erinnerung und lege mich zu meinen Toten. Es ist einsam, sanft und leise bei ihnen und ihre Zartheit mitternachtskühl. Das Nachbild von Geborgenheit lädt mich zu sich ein. Die Vergangenheit ist manchmal alles, was ich zu haben glaube. Ich nenne sie mein Heim. Hier warte ich mit beschwörenden Armen auf die Wärme, die nur noch in Rosen und Nelken steckt. Ich wünsche mir eine Berührung oder einen Ton. Einen überlaufenden Blick aus einer abgelaufenen Zeit. Ich versuche noch, mich schwerer zu machen, härter in die Dunkelheit zu legen und mit ihr zu verschmelzen, bis auch ich nur noch Nacht bin. Als schlicknasse Hände mich treffen, meine unsichtbar gewordene Haut berühren. Der Ton in deiner Stimme fängt meine Gedanken ein. Umwebt sie mit luziden Bitten nach Rückkehr. Mit wahren Gesten umfasst du meine Schultern, nimmst meinen Körper ein und trägst ihn zurück in die Teergrube. Unter schwarzen Augenlidern erhebt sich langsam dein Blick, in dem ich nun den Weg zurück erkenne. Dorthin, wo alles ist, wovon ich noch nichts weiß.

Jess

MEIN HERZ

Content Notes: Blut, Spinnen

Hol schon mal die Opferschale, ich öffne gleich mein Herz.

Halte sie mit Sorgfalt unter die feine Wunde und fange alles auf, was überläuft.

Verschwende mein Leben, mein Blut und mich und verschwende dabei nichts. Mach den Kelch randvoll und trinke aus, weil ich nun endlich teilen kann.

Etwas Sakrales tritt hervor, glänzend und silbern, ein Faden wie von Spinnen, an dessen Ende hängt die Seele dessen, weshalb die Gespenster mich einst befielen.

GIFT & GALLE

Content Notes: Antisemitismus, Homophobie, zwei der
wundervollsten Sonette, die je geschrieben wurden

Einmal saß ich mit einem Schriftsteller auf der After Party seiner
Buchveröffentlichung zusammen. Ich gratulierte ihm, und wir
stießen mit irgendeinem teuren Wodka an. Bei unserem alkohol-
vernebelten Gespräch beklagte sich der Schriftsteller, dass es
heutzutage beim Buchveröffentlichen gar nicht mehr um Qualität
ginge, sondern nur noch darum, ob der Autor als Person interessant
genug wäre.

Ich pflichtete ihm, weil ich angeschickert war, impulsiv bei,
merkte jedoch noch restklar an, dass das keine neue Erscheinung,
sondern immer schon so gewesen sei. Als Beispiel nannte ich August
Graf von Platen.

Wen?

Ja, genau.

August Graf von Platen, geboren 1796 in Ansbach, gestorben
1835 im sizilianischen Syrakus, war ein deutscher Dichter, dessen
Werk Theaterstücke und Gedichte umfasst. Bekannt ist er
heutzutage, wenn man ihn kennt, noch für zweierlei: zum einen
für seine Ghaselen, deutschsprachige Gedichte in einer persischen
Strophenform, zum anderen für eine lebhafte Feindschaft mit
Heinrich Heine.

Heinrich Heine dürften, zumindest dem Namen nach, alle
kennen, er schrieb publikumswirksame Banger wie »Die Lorelei«
und »Die schlesischen Weber«, darüber hinaus gilt er heutzutage als
politischer Autor des Vormärz. Als Deutschland liebender Dichter,
Satiriker und Polemiker, der wegen seiner jüdischen Herkunft
und liberalen Einstellung mit Publikationsverboten belegt wurde
und später nach Frankreich ins Exil ging, hat er zudem einen

schulbuchtauglichen Background für den Geschichts- und den
Deutschunterricht.

Als Student der Heinrich-Heine-Universität wurde ich natur-
gemäß in beinahe jedem Seminar in irgendeiner Form mit Heinrich
Heine belästigt,– »belästigt«, weil ich mit seinen Gedichten
überhaupt nichts anfangen konnte und bis heute nicht kann. Ich
finde sie nicht schlecht, sie sind okay, aber sie bewegen nichts in mir,
und leitartikel-artige Äußerungen sind mir in Gedichten generell
ein Gräuel.

Jedenfalls fiel im Zusammenhang mit Heinrich Heine immer
mal wieder der Name August Graf von Platens, jenes Dichters,
der mit seinen Ghaselen auch schon in meinem Lesebuch für den
Deutschunterricht vertreten gewesen war. Ich fand ihn allein schon
dafür interessant, dass er Heinrich Heine gehasst hatte.

Die beiden Dichter trugen ihre Feindschaft öffentlich aus, sie
schrieben Gedichte und Essays voller Seitenhiebe und direkter
Angriffe auf den jeweils anderen; dabei gingen sie oft weit unter die
Gürtellinie. Platen verunglimpfte Heine für dessen jüdische
Herkunft, und Heine attackierte Platen wegen dessen Homosexualität,
womit er ihn auch outete. Was über 150 Jahre später im HipHop
zwischen Eazy-E und Dr. Dre, Eminem und Everlast oder Cypress
Hill und Ice Cube stattfand, nämlich lyrische Battles auf niedrigstem
Schlammschlacht-Niveau, zelebrierten Heine und Platen im 19. Jahr-
hundert in den literarischen Salons. Das Ganze eskalierte derart,
dass Platen nach Sizilien auswanderte, wo er bis zu seinem Tod
blieb, und Heinrich Heine in Deutschland eine Professur verweigert
wurde, weswegen er nach Paris zog.

Soweit, so low.

Aber werfen wir doch mal einen Blick in Platens literarisches
Œuvre. Der Graf gehörte zu den experimentierfreudigen
Vielschreibern, die sich an unterschiedlichen Gedichtformen
versuchten. Bei den Ghaselen etwa handelte es sich für ihn um
reine Fingerübungen. Die Gedichtform, die Platen meisterhaft
beherrschte, war eine andere: das Sonett.

Sonette sind eine im 13. Jahrhundert in Italien aufgekommene
Gedichtform. Sie bestehen aus 14 Zeilen, die in zwei Quartette

und zwei Terzette, also zwei vier- und zwei dreizeilige Strophen unterteilt sind. Ihr Reimschema ist in der Regel *abba abba cde cde,* das Metrum ist meist regelmäßig, häufig ist es der fünfhebige Jambus. Seit dem Barock gehört das formal anspruchsvolle Sonett zum Standardrepertoire deutscher Dichtung, und bis in die Moderne versuchen sich Menschen an dieser Form. Zu den bekanntesten deutschsprachigen Sonetten gehören die Barockgedichte von Gryphius und Opitz und dann aus dem frühen 20. Jahrhundert Rilkes *Sonette an Orpheus* und die Sonette der Expressionisten.

Ich bin ein großer Fan der Sonettform. Abgesehen davon, dass ich selber welche geschrieben habe, z. B. »zigaretten & kaffee« und »toter code« in meinem Gedichtband *in der u-haft eines weiteren abends,* folgen auffällig viele meiner Lieblingsgedichte dieser Form: Wilhelm Klemms »Meine Zeit« und Hugo von Hofmannsthals »Die Beiden« etwa sind zwei meiner absoluten All-Time-Faves.

Platen hat das Kunststück geschafft, dass gleich zwei seiner Sonette aus dem frühen 19. Jahrhundert wie ein mondgroßer Meteorit in mein Herz eingeschlagen sind, und neulich ist mir aufgefallen, dass sie sogar in einer mystischen Verbindung zu einem musikalischen Werk von mir stehen.

In dem einen Sonett geht es um die Tätigkeit und das Wesen des Künstlers, in dem anderen um den Tod. Beide schlagen einen theatralischen, nihilistisch-fatalistischen Ton an, beide sind ein Genuss für jeden Menschen, der auch nur das allerkleinste Gespür für Lyrik hat. Ich will die beiden Sonette hier nicht sezieren, nur zeigen und wirken lassen:

Sonett 47   *August Graf von Platen*

Es sei gesegnet, wer die Welt verachtet,
Denn falscher ist sie, als es Worte malen:
Sie sammelt grausam unsern Schmerz in Schalen,
Und reicht zum Trunk sie, wenn wir halb verschmachtet.

Mir, den als Werkzeug immer sie betrachtet,
Mir preßt Gesang sie aus mit tausend Qualen,
Läßt ihn vielleicht durch ferne Zeiten strahlen,
Ich aber werd als Opfertier geschlachtet.

O ihr, die ihr beneidetet mein Leben,
Und meinen glücklichen Beruf erhobet,
Wie könnt in Irrtum ihr so lange schweben?

Hätt' ich nicht jedes Gift der Welt erprobet,
Nie hätt' ich ganz dem Himmel mich ergeben,
Und nie vollendet, was ihr liebt und lobet.

Sonett 57   *August Graf von Platen*

O süßer Tod, der alle Menschen schrecket,
Von mir empfingst du lauter Huldigungen:
Wie hab ich brünstig oft nach dir gerungen,
Nach deinem Schlummer, welchen nichts erwecket!

Ihr Schläfer ihr, von Erde zugedecket,
Von ew'gen Wiegenliedern eingesungen,
Habt ihr den Kelch des Lebens froh geschwungen,
Der mir allein vielleicht wie Galle schmecket?

Auch euch, befürcht ich, hat die Welt betöret,
Vereitelt wurden eure besten Taten,
Und eure liebsten Hoffnungen zerstöret.

Drum selig Alle, die den Tod erbaten,
Ihr Sehnen ward gestillt, ihr Flehn erhöret,
Denn jedes Herz zerhackt zuletzt ein Spaten.

Diese beiden Gedichte schickte ich dem Schriftsteller am Tag, nachdem ich mit ihm getrunken hatte, und er bestätigte mir, dass Platen als Dichter heute immer noch rocken würde.

Wer die Verbindung zu meinem Song nicht erkannt hat, der möge die Verse 12 bzw. 8 nochmal genauer lesen.

Jess

Content Note: Eingesperrt sein

Ursula Krechel hat ein Gedicht geschrieben, das ohne Gewalt auskommt, während es ein gewaltvolles System beschreibt. Es geht um Befreiung. Sequenzanalytisch möchte ich die Schönheit und Stärke aus den Zeilen lesen, meine Gedanken befreien und sie mit euch teilen.

Umsturz[1]

Von heut an stell ich meine alten Schuhe
nicht mehr ordentlich neben die Fußnoten
häng den Kopf beim Denken
nicht mehr an den Haken
fress keine Kreide. Hier die Fußstapfen
im Schnee von gestern, vergesst sie
ich hust nicht mehr mit Schalldämpfer
hab keinen Bock
meine Tinte mit Magermilch zu verwässern
ich hock nicht mehr im Nest, versteck
die Flatterflügel, damit ihr glauben könnt
ihr habt sie mir gestutzt. Den leeren Käfig
stellt mal ins historische Museum
Abteilung Mensch weiblich.

Ursula Krechel arbeitet in dem Gedicht mit dem Motiv des Weglassens. Indem die Perspektivfigur sagt, was sie nun alles nicht mehr tun möchte, gibt sie nur indirekt preis, was sie vorher getan hat. Das eröffnet Spielraum für aufregende Gedanken und

---

1 Ursula Krechel, »Umsturz« (1977), in: Anna Bers (Hg.), *Frauen | Lyrik. Gedichte in deutscher Sprache.* Durchgesehene Ausgabe. Ditzingen: Reclam, 2022, 648.

unentdeckte Räume. Man versteht: Sprache ist mehr als das, was
ausgesprochen wird. Los geht's.

> Von heut an stell ich meine alten Schuhe
> nicht mehr ordentlich neben die Fußnoten

Von heute an möchte sie – ich gehe davon aus, dass es eine Frau
ist, die spricht – ihre alten Schuhe nicht mehr neben die Fußnoten
stellen. Sie trägt alte Schuhe, keine neuen, das ist wichtig! Alte
Schuhe sind eingelaufen, bekannte Wege wurden viele Male in
ihnen gegangen. Sie sind ein Symbol für Gebundenheit und
mangelnde Entfaltungsmöglichkeit. Wenn die Frau ihre alten
Schuhe nicht mehr ordentlich neben die Fußnoten stellen möchte,
deutet das offen werdende Wahlmöglichkeiten an: Die alten Schuhe
könnten anbehalten und in ungewohnten Kontexten getragen
werden, es könnten aber auch gleich neue Schuhe anprobiert werden.
(Gönn dir.)

Fußnoten sind Vermerke außerhalb des Textes. Meistens enthalten
sie Quellenverweise, oft aber stehen darin auch Bemerkungen, die
nicht ganz zum Text gehören und ergänzendes Wissen teilen oder
weitere Erklärungen geben. Die alten Schuhe werden nicht mehr
neben den Fußnoten abgestellt, aber wo dann? Entweder mitten
im Text, denn das, was sie zu sagen hat, zählt jetzt. Sie hinterlässt
keine unsichtbaren Spuren mehr neben den Fußnoten, sondern wird
wahrgenommen, gesehen, gehört. Keine Randbemerkungen mehr.
Oder aber, sie steht mitten in den Fußnoten, denn sie ist die Quelle.
Aus ihr entspringt Wissen, sie besteht darauf, genannt zu werden.
Claim your Power!

> häng den Kopf beim Denken
> nicht mehr an den Haken

Was wird an den Haken gehängt? Alles Mögliche, aber im Kontext
von Schuhen wohl so etwas wie ein Mantel, eine Jacke, ein Hut. An
den Haken einer Garderobe. Sie lässt ihren Kopf nicht mehr draußen,

wenn sie einen Raum betritt. Sie macht sich nicht mehr klein,
sondern hat sich, ihren Kopf mit allen kognitiven Kompetenzen
dabei. Sie spielt nicht mehr nur die einstudierten Protokolle durch.
Vorbei die Zeiten, als sie ihren Kopf an den Haken hängte, ihr
autonomes Denken abschaltete und somit dafür sorgte, dass sie
unkritisch und unmündig blieb. Der Kopf wird von nun an in allen
sozialen Begegnungen ein Fundus sein und die Gespräche neben
Herz und Hand lenken.

fress keine Kreide.

Der allseits bekannte Kreide fressende Wolf aus dem Märchen wollte
damit seine Stimme sanfter klingen lassen. Weniger bekannt ist, dass
mit »Kreide« Kirschkreide gemeint war, ein Sauerkirschmus, das als
Hausmittel gegen Heiserkeit eingesetzt wurde. Die Redensart mit
dem Kreidefressen hat sich bis heute gehalten. Sie lässt nun also die
Wölfin sprechen, und die Sanftheit, die oftmals nur vorgetäuscht
wird, um nicht interessant für potenzielle Gewalttäter zu wirken,
wird nicht mehr gebraucht.

Hier die Fußstapfen
im Schnee von gestern, vergesst sie

An dieser Stelle erscheint nun indirekt wieder das Motiv der
Schuhe, indem sie im Schnee Spuren hinterließen. Davon, dass
jemand barfuß durch den Schnee geht, ist nicht auszugehen. Der
sprichwörtliche »Schnee von gestern« symbolisiert dasjenige
Vergangene, an dem tradiert festgehalten wird und in dem sich
die Frau vormals bewegte. Ihr Gehen im Tradierten ist jetzt selbst
Schnee von gestern. Nicht nur das Tradierte soll vergessen werden,
sondern auch ihre frühere Verbindung dazu. Niemand braucht
mehr damit zu rechnen, ihr jemals wieder in der Denkweise des
Schnees von gestern zu begegnen.

ich hust nicht mehr mit Schalldämpfer

Niemanden stören, selbst wenn man krank ist. Niemanden
erschrecken, nur leise, »damenhaft« hüsteln. Nie richtig das
Kranksein ausleben und sich kurieren, besonders nicht, wenn man
Mutter ist. Etwas, worüber man immer wieder stolpert, sobald man
sich mit Care-Arbeit befasst: Mütter scheinen nie krank zu sein,
obwohl sie natürlich oft krank sind, denn Kinder sind nun einmal
Virenschleudern. Die Frau wird jetzt hörbar sein, nicht mehr dezent
leiden.

> hab keinen Bock
> meine Tinte mit Magermilch zu verwässern

Eine Internetsuche ergibt: Tintenflecke lassen sich mit Milch
entfernen – keine Gewähr, ob es stimmt, ich habe es nicht
ausprobiert. Auch lässt sich eine einfache Geheimtinte unter
anderem aus Milch herstellen, beim Erwärmen wird sie sichtbar.
Vielleicht war es früher einmal üblich, Tinte zu strecken, damit
sie einen sanfteren Ton annimmt oder allgemein länger hält, weil
Sparsamkeit vonnöten war oder als redlich galt. Sicher geht es im
Gedicht jedoch darum, sich nicht mehr zurückzuhalten, in die
Vollen zu gehen. Die Frau schreibt nicht mehr leise, dezent,
zurückhaltend, höflich. Sie überwindet den vorauseilenden
Gehorsam, die innere Zensur, schreibt so laut sie will: Sollen sie
sie doch Hexe nennen. Sie ist eine Frau, sie darf schreiben, sie
schreibt.

> ich hock nicht mehr im Nest, versteck
> die Flatterflügel, damit ihr glauben könnt
> ihr habt sie mir gestutzt.

Hier wird thematisch das Innen und Außen eröffnet. Was ist ein
Nest, und wer sitzt darin? Es ist ein Ort der Einkehr, des Heims,
des Kümmerns und der Aufzucht. Im Nest befindet sich alles, was
ausgebrütet und für das Leben stark gemacht werden soll. Im
Nest sitzen Vögel und es warten Küken, die noch nicht bereit sind,
denn sie sind ohne ausgebildetes Federkleid. Im Nest sorgen die

Care-Giver für alles und das Küken steht als Symbol für das Noch-Eingesperrtsein.

Die Frau wird verkindlicht, als schutzbedürftiges Küken behandelt, dabei verfügt sie über ausgebildete Flatterflügel, sie kann fliegen. Außerhalb des Nestes gibt es Menschen, die darum wissen. Die auch wissen, dass sie bisher nicht geflogen ist. Sie muss fliegen, um zu zeigen, dass niemand Macht über sie hat, niemand ihre Flügel stutzen konnte. Sie muss ihre Potenziale nutzen und die von der Gesellschaft zugewiesene Schutzzone, die ein Gefängnis ist, verlassen.

Den leeren Käfig
stellt mal ins historische Museum
Abteilung Mensch weiblich.

Ein Käfig erfüllt nur dann seinen Zweck, wenn er etwas enthält, das weggeschlossen wird. Wie etwa einen Vogel, dem der Himmel genommen wurde. Ohne ein Lebewesen darin, ist er nutzlos, allenfalls ein Dekorationsobjekt oder ein Ausstellungsstück. Die Frau hat Gefangenschaft und Unfreiheit hinter sich gelassen, der Vogel ist ausgeflogen. Sie blickt auch nicht zurück, denn das, was sie gefangen hielt, hat jede Bedeutung verloren, seit sie sich selbst befreien konnte. Sie schreibt jetzt Geschichte.

Ursula Krechels *Umsturz* ist auf den ersten Blick ein Gedicht über die eigene Befreiung; vielleicht aus einer Partnerschaft oder einer Ehe, vielleicht aus einem anderen repressiven Zusammenhang. Befasst man sich eingehender damit, wird deutlich, dass es darin auch um die Befreiung aus einem System geht, das auf einem Fundament freiheitsberaubender Strukturen steht. Um diese Strukturen überwinden zu können, müssen wir sie zuallererst erkennen, und um sie zu benennen, braucht es die richtigen Wörter. Sprache schafft Realität und kann Wahrheit hervorbringen, manchmal aber liegt im Ungesagten eine besondere Schwere, auch deshalb ist aufmerksames Hinhören und -sehen so wichtig. Um Nichtgenanntes erkennen zu können, müssen wir uns vorstellen, was möglich wäre. Wenn

Menschen miteinander sprechen, sich einander öffnen, ermöglicht ihnen das Einblicke in die vielfältigen Wirklichkeiten, die existieren. Gewalt und Poesie miteinander zu kombinieren, ohne dabei selbst gewalttätig zu sein und Grenzen anderer zu überschreiten, ist ein auf den ersten Blick sanfter und friedlicher Weg. Mitzudenken ist aber, dass die schreibende Person selbst, solange die Gesellschaft noch mehrheitlich gewaltvoll ist, weiterhin Gewalt in Gestalt von abwertenden Blicken und Urteilen ausgesetzt ist. Sie muss Gewalt aushalten, die noch überall aus den Fundamenten alter Böden sickert.

Poesie, das zeigt *Umsturz* sehr gut, ist auch die Kunst des Weglassens, und im Zusammenhang mit Gewalt entsteht hier eine Dialektik, die auch in der Nicht-Fiktion zu finden ist. Im Ungesagten liegt oftmals das Grauen verborgen. Und das ruht in Herzen, schlummert unter Zungen oder wird an die nächste Generation vererbt, wenn wir uns nicht kümmern: um uns selbst und umeinander.

SPRACHE
UND GEWALT

Content Notes Slurs, Vulgärsprache, Fäkalsprache

SCHWARTZ Weißt du, was mich neuerdings beschäftigt? Das Thema Sprache und Gewalt. Im Sinne von: wie gewaltvoll ist Sprache *wirklich*, und wenn sie es ist: was für Auswirkungen hat das beim Rezipieren?

Das meine ich abseits des verabscheuungswürdigen Jugendschutzbegriffs der »Verrohung«, denn der signalisiert den Urhebern nur, dass ihre Begriffe effektvoll einwirken können und blendet dabei die Auswirkung auf rezipierende Menschen komplett aus.

Mir als jemandem, der gerne rumschimpft und flucht, und das nicht nur im privaten Rahmen, sondern auch im öffentlichen Raum (U-Bahnen, Social Media, Songtexte) hat sich diese Frage irgendwann aufgedrängt. Sprache ist Kommunikationsmittel, und jeder öffentliche Sprechakt hat Empfänger, also bekommt, wenn ich mich in cusswordgespickten Ellipsen über etwas auslasse, immer jemand etwas davon mit und ab. Das hat mich schon öfters in unangenehme Situationen gebracht, und deshalb bin ich bei aller Liebe fürs Fluchen und Schimpfen in den letzten Jahren tatsächlich achtsamer geworden.

Früher gab ich keinen Fick darauf, dass ich mit meinem Fluchen jemand Unbeteiligten verletzen könnte. Jetzt gebe ich zwar immer noch keinen Fick darauf, ob Unbeteiligte zuhören, fluche aber möglichst nicht mehr unter Verwendung von Ausdrücken, die bestimmte Menschengruppen diskriminieren.

Auf Wunsch unserer Verlegerin überspringe ich jetzt den Teil mit den Beispielen, die mein früheres Fluchverhalten illustrieren sollten und belasse es bei der Anmerkung, dass mich heute ein saftig ausgespienes »Fick diese verfickte Fickscheiße« vollends befriedigt zurücklässt. Dieser Satz erfüllt fluchtechnisch seinen Zweck, verletzt aber keine Menschengruppen, die mit der ganzen Fickscheiße nichts zu tun haben.

Sicher, man könnte jetzt die Frage stellen, warum »Ficken« als Kraftausdruck immer noch funktioniert, dann würde ich antworten: weil diese Gesellschaft trotz aller Aufklärung immer noch eine tiefsitzende, verklemmte, ungesunde, patriarchal-puritanische

Einstellung zum Ficken vertritt. Und selbstkritisch würde ich hinzufügen, dass ich diese Sexualmoral natürlich reproduziere, indem ich »Fick« als Fluchwort benutze.

Aber Fluchen, und das finde ich interessant, funktioniert nun einmal nur über den Tabubruch, wie die Malediktologie, die Schimpfwort- und Fluchforschung, mein absoluter Traumjob, herausgefunden hat. Kaum jemand flucht heute »gottverdammt«, denn in unserer säkularen Gesellschaft ist Blasphemie kein Tabubruch mehr. Dinge eher »verfickt« als »beschissen« zu finden, ist auch eine neuere Entwicklung, die auf den popkulturellen Einfluss aus dem anglo-amerikanischen Raum zurückgeht. Traditionell fluchten Deutsche eher fäkal als sexuell. Was früher beschissen war, ist heute verfickt.

Und sicher: in einer perfekten Welt mit einer gesunden Einstellung zu Geschlechtsverkehr und Ausscheidungen würde man vermutlich gar nicht fluchen, aber darum geht es gerade nicht: Es geht darum, dass man nicht lieb oder harmlos fluchen kann, denn Fluchen ist keine rationale Handlung, sondern ein impulsiv-affektiver Akt mit einer katalytischen Funktion. Wer flucht, muss gerade Spannungen abbauen. Wer sich vorher überlegt, was er fluchen will, der fakeflucht.

In den meisten Kontexten ist es gut, wenn Menschen kurz innehalten und nachdenken, bevor sie einen Sprechakt tätigen. Beim Fluchen aber versaut es den Vibe. Für mich als Fluch-Fan, dem die Verbalinjurie in Songtexten ein wichtiges Stilmittel ist, haben die ästhetischen Aspekte klar Vorrang gegenüber ethischen, Inhalt allgemein wirkt dabei eher im Hintergrund. Flüche funktionieren für mich über den Klang. Je roher die Sprachgestalt, desto authentischer höre ich meinen inneren Schweinehund rotzen und spucken.

Wie stehst du dazu, Jess? In deinen Texten findet sich ja relativ selten explizite sprachliche Gewalt.

Jess Das Explizite vollzieht sich bei mir in der ruhigen
Auserzählung einer Szene. Statt kurz »sie ficken« zu schreiben, lasse
ich sie es miteinander treiben und beschreibe alles, was ich mir dazu
in dem Moment passend zur Situation vorstellen will: sich öffnende
Schenkel, feuchte Lippen, frischer Schweiß, der sich mit altem
vermischt, Bewegungen, ineinandergreifende Hände, glibberige
Klebrigkeit danach. Das ist nicht weniger deutlich, ich vermeide nur,
es mit einem effektvollen, heftigen Begriff zu benennen. Sogar dann,
wenn das, was ich beschreiben will, schnell und heftig ist.

Ich mag es, drastische Handlungen möglichst plastisch abzubil-
den und lasse mir dafür gerne Zeit. Die Bilder in meinem Kopf sowie
in den Köpfen der Lesenden sollen sich entfalten können. Schriebe
ich »Fick« und so weiter, wäre das in meinen Texten eine Abkürzung,
die mir den Genuss am Auserzählen verdürbe. Ich mag es auch, wenn
Horror und Spannung sich langsam entwickeln dürfen.

Während wir hier an unserem Buch schreiben, habe ich meine
Freude an Rage Poems exhumiert und ein paar Spoken-Word-Texte
geschrieben. Ich lehne mich aus dem Fenster und behaupte einfach
mal, da komme ich am ehesten an Rap und dessen Schnelligkeit
heran. Jedenfalls benutze ich nicht mal in meinen Wutgedichten
krasse Worte, wohl aber eine heftige Sprache. Die Wut und die
Gewalt, die ich thematisiere, stecken dazwischen.

Das bedeutet allerdings nicht, dass ich niemals pointiert roh
schreibe. Hin und wieder fabriziere ich für etwas mehr Zerstreuung
den peinlichsten Smut der Welt. Das passiert immer dann, wenn
ich nichts anderes schreiben kann. Dann grabe ich mich erst
einmal einige Tage im Internet durch das Fanfiction Archiv und
staune über die wüsten Phantasien anderer Leute. Ich kann dann
nicht weggucken. Es ist wie *Domian* früher, das hat man auch nur
wegen Menschen mit Freude an Mett gehört. Wenn ich genug
Fremdschmutz gelesen habe, schreibe ich in kürzester Zeit meinen
eigenen heraus und sehe: Ah, ich beherrsche mein Handwerk ja
doch noch. Das schreibende Fluchen, die sprachliche Rohheit, das
hat auf mich eine befreiende Wirkung, es ist ein Mittel zur Wieder-
Freisetzung meines Könnens.

SCHWARTZ Du überträgst die katalytische Funktion des Fluchens auf die Textproduktion. Als würdest du einen Knoten um dein Gehirn lösen, ein befreiender Akt, also genau das, was Fluchen bewirken soll.

Dass »ficken« als bildbildender [sic!] Begriff eher mau ist, stimmt. Dein Anspruch an deine Texte, etwas zu zeigen, nachfühlbar werden zu lassen, erinnerte mich beim Lesen ein bisschen an Umberto Ecos Gedanken zu Pornografie in *Wald der Fiktionen*. Er sagt da ungefähr, dass die Handlung zugunsten dem Zeigen eigentlich belangloser Vorgänge in den Hintergrund rücke und das detaillierte Geficke in einem Porno narrativ genau das Gleiche sei, wie wenn man einen Mann, der mit dem Auto zehn Blocks entlang fährt, tatsächlich mit dem Auto zehn Blocks entlang fahren sieht. Genau so ist es ja auch beim Splatter, wo Gewaltakte endlos ausgewalzt werden.

Natürlich geht es sowohl bei Pornos als auch bei Splatterfilmen nicht ums Erzählen, sondern um das Aktivieren bestimmter Instinkte, um Lustbefriedigung, Affektabfuhr, dies das. Das ist nichts Schlechtes, es zeigt die Komplexität des menschlichen Geistes: hier das hochentwickelte Gehirn, das differenzierte Gedanken zu artikulieren sucht, dort seine tiefe limbische Verwurzelung im Tierischen. Nun kann ich wieder den Bogen zum Fluchen und Schimpfen schlagen, wo in einem kommunikativen Akt etwas so Komplexes wie die Sprache nur genutzt wird, um das innere Reptil ruhigzustellen. (Eine Ausnahme stellt bewusstes Beleidigen dar.) Irgendwo ist es genau dieses Tierhafte, was mich immer wieder reizt.

Was mich interessieren würde, Jess: Was ist der Unterschied zwischen »krassen Worten« und »heftiger Sprache«?

Jess Preis: Wer alle Puns in diesem Abschnitt findet, ist die Homecoming Queen. Linguist*innen scharren mit den Hufen: Nicht an »Worte«, sondern an »Wörter« als kleinere Einheit dachte ich, als ich sie oben als »krass« bezeichnete. Genau genommen, meine ich Wörter im Sinne von Satzeinheiten, von einzelnen Begriffen. Mit »Sprache« meine ich all das, was noch mitschwingt in einem Text, was kulturell so mitkommt, den Text ausmacht und Rückschlüsse zulässt. Also den Stil oder Grundton und, wenn man es so nennen will, den Habitus des Textes.

Ein gewisses Maß an konstruktiver Technik ist sicherlich ein Zugang zur Kreativität, einer unter vielen. Ich mag aber auch den Gedanken, dass etwas potenziell (Zer)Störerisches wie Fluchen oder auch Verfluchungen – die Hexe in mir spricht – ebenso die positive Macht hat, etwas freizusetzen. Nicht zuletzt die sprechende oder schreibende Person. Sprache ist ein Mittel der Selbstermächtigung und manchmal auch ein Impuls dafür.

Perfekt, dass du »Gehirn« gedroppt hast, das ist eines meiner weirden Nischenthemen, das ich gerne mit Sozialpsychologie verbinde. Wenn wir einen Horrorfilm sehen und das Gesprochene verwerten, ist das Wernicke-Areal hinten im Temporallappen zuständig. Wenn wir beim Gucken, weil etwas Schauriges geschieht, zusammenschrecken und losschreien, sind die vorderen Bereiche links unten im Gehirn aktiv. Wie entwickelt unser Gehirn ist und wie lebenserfahren wir sind, bestimmt unseren kognitiven und emotionalen Zustand, der wiederum unseren Denkstil prägt. Deshalb teilt sich das Horrorfan-Publikum in zwei Lager auf: dasjenige, in dem die Menschen campen, die den fiktionalen Horror so realistisch finden, dass er für sie wie realer Horror wirkt. Und das Camp, in dem diejenigen ihre Marshmallows rösten, die alles als fiktiv anerkennen und deshalb lustvoll genießen können. Hieraus sollte keine Distinktion abgeleitet werden, die einen sind den anderen nicht überlegen. Ich selbst habe mein Zelt eher im Camp Reality aufgeschlagen und gehe heftig emotional mit, sobald im Film gelitten wird. Mein Fluchtreflex springt an, ich beginne zu schwitzen, möchte fliehen, schreie fast. Ich leide. Alles könnte in irgendeiner Weise wahr sein, das fühle ich wirklich. Diese Reaktion hat viel mit Empathie zu tun und damit, wie sehr wir uns im anderen erkennen wollen. Aber selbst, wenn die Figuren absolute Schnieptröten sind, die mir ferner kaum sein könnten – wie zum Beispiel die Figur des Stoners im *Slasher* –, tut es mir weh, fühle ich mit, wenn sie geköpft oder zermalmt werden.

Wenn wir den Thrill suchen, dann bitte immer möglichst im
Sweet Spot. In wirklicher Bedrohung begründete Angst will niemand
erleben (ausgenommen manche Menschen mit entsprechenden
Kinks). Furcht kann lustvoll genossen werden, wenn sie ein Spiel ist,
bei dem wir uns noch in der Sicherheit verankert wissen. So ist auch
Sprache ein Spiel für mich, wenn ich in Geschichten Vögel durch
Kinderhände erschlage oder selbst zum Gespenst werde.

Ich bin sicher genug im Leben beheimatet, und darum kann ich
über das Grausige sprechen, das im Unheimlichen steckt.

Raffi, wird dir eigentlich manchmal langweilig bei der Überreprä-
sentation an Gewalt? Oder anders gefragt: Kannst du dich noch selbst
überraschen?

SCHWARTZ Ich finde das immer mega inspirierend, von
anderen schriftstellerisch tätigen Menschen zu hören, wie sie für
sich Begrifflichkeiten einordnen und unterscheiden, so wie du
»Sprache« und »Wörter« unterscheidest. Ist dir aufgefallen, dass ich
eine Satzkonstruktion gewählt habe, in der dein »Linguist*innen«
genus-technisch vermieden wird? Das war Absicht!

Sofern man nicht wissenschaftlich arbeitet, nimmt man sich
eben einfach die Aspekte eines wissenschaftlichen Themas, die man
gebrauchen kann. So geht es mir etwa mit der Archetypenlehre;
C. G. Jungs für mich relevante Gedanken greife ich auf und spinne
sie weiter, den Rest lasse ich beiseite. Ein schöndreistes Vorrecht des
Künstlers gegenüber dem Wissenschaftler, nicht wahr?

Die von dir erwähnten Unterschiede hinsichtlich der
»Wirklichkeiten« des Horrorfilmkonsums möchte ich anhand eines
persönlichen Beispiels unterstreichen. Als ich 17 oder 18 war, sah
ich den Trailer zu *Cannibal Ferox*, einem grindigen, hierzulande
indizierten italienischen Horror-B-Movie von 1981. In dem Trailer
sind die übelsten Splatterszenen des Films enthalten, u. a. wird Mike,
eine der Hauptfiguren penektomiert. In Großaufnahme natürlich,
danach Schnitt (lol) auf sein schmerzverzerrtes Gesicht, dann noch
ein lautes »AARRRGGGH«. Die ganze Sequenz dauert vielleicht
zwei, drei Sekunden, aber diese zwei, drei Sekunden habe ich

aufgesogen und konserviert, als hätte mein Gehirn einen Screenshot gemacht. Das passiert wohl mitunter, wenn eine tiefsitzende Urangst in einem getriggert wird. An der extremen Wirkung auf mich änderte sich auch nichts, als ich *Cannibal Ferox* dann ganz gesehen und festgestellt hatte, dass Mike ein ekliger Sadist war, der aus kathartischen Gründen völlig zu Recht zu Tode gefoltert werden musste.

Obwohl ich wusste, dass das ein Film ist – und ein Film ist ein Film ist ein Film –, war ich wohl noch nicht ganz raus aus dem Camp Reality, denn diese Szene hat derart nachgewirkt. Die Screenshots des »AARRRGGGH« und von Mikes schmerzverzerrtem Gesicht hatte ich noch Jahre später in Full-HD-Qualität abrufbar (und das, obwohl *Cannibal Ferox* auf billigem, VHS-körnigem Film gedreht ist).

Ich habe dem Gefühl schließlich ein wenig entgegengewirkt, indem ich mir mehr Wissen über den Mike-Schauspieler anlas. Mike wurde dargestellt von Giovanni Lombardo Radice, einem italienischen Schauspieler. Radice spielte in weiteren Horrorfilmen mit, etwa in *Asphaltkannibalen* und dem berühmt-berüchtigten *Ein Zombie hing am Glockenseil* (wo er als Bob wiederum einen wirklich grauenhaften Filmtod stirbt), später auch in Hollywoodproduktionen wie dem Remake von *Das Omen* und *Gangs of New York*. Laut Wikipedia trat er auch in Theaterstücken und Opern auf. In meinem Kopf waren plötzlich so viele Quizwissen-Informationen über Radice, dass dessen filmische Verstümmelung direkt an Wirkung verlor. Er verstarb am 27. April 2023. Ruhe in Frieden, Mike.

Ich merke beim Schreiben, dass ich es vermisse, von Filmen so nachhaltig erschreckt und beeindruckt zu werden. Das ist mir lange nicht mehr passiert, zuletzt, glaube ich, bei *The Hatching*, aber da auch eher wegen der brillanten Vermischung aus Tierhorror, Bodyhorror und pechschwarzer Comedy. Selbst bei absolut auf Schock und Effekt angelegten Filmen wie *A Serbian Film* hat es mich nicht wirklich innerlich mitgerissen.

Inzwischen schaue ich so gut wie keine Filme mehr, weil mich die meisten langweilen. Wenn ein Film läuft, mache ich nebenher noch irgendwas anderes. Als Kind waren Filme für mich das Größte, und ich hätte mir niemals vorstellen können, dass mich das

Filmgucken irgendwann mal langweilen würde. Das ist auch ein
bisschen paradox, weil es generell ja eher schwierig geworden ist,
sich zu langweilen: Man kann sich zu jeder Zeit vom Abgrund der
Instagram-Reels und des TikTok-Feeds verschlucken lassen. Wenn
ich einmal medial nichts tue, geschieht das bewusst, um mein Leben
zu entschleunigen: Ich lege mich dann absichtlich ohne Comic auf
die Couch, steige ohne Buch in die Bahn oder gehe ohne Handy
spazieren.

Langeweile im Sinne von Nichts-mit-mir-anzufangen-wissen
habe ich vor Ewigkeiten das letzte Mal gefühlt. Es gibt aber noch
eine andere Auffassung von Langeweile, die der Psychologe John
Eastwood als »das unangenehme Gefühl, einer befriedigenden
Tätigkeit nachgehen zu wollen, es aber nicht zu können« beschreibt,
und diese Langeweile kenne ich gut. Wenn ich beim Brotjob eine Idee
für eines meiner künstlerischen Projekte habe, aber diese Idee nur
kurz notieren kann und auf später verschieben muss, dann ist das
quälend, wobei ich mein Gefühl eher »genervte Vorfreude« nennen
würde.

Mich zu erschrecken, fällt mir im Alltag leichter, als mich zu
langweilen. Meistens erschrecke ich vor mir selbst, z. B., wenn
ich feststelle, dass ich auf Phänomene, die andere Menschen sehr
emotional werden lassen, mit kompletter Gleichgültigkeit reagiere.
Oder wenn sich irgendwelche Synapsen verschalten und über
Assoziationen ziemlich verstörende und nicht wirklich beschreibbare
Bilder erzeugen. Dann denke ich immer, vielleicht stimmt mit mir
was nicht, und ich sollte mich mal untersuchen lassen. Aber dieser
Gedanke ist dann auch schnell wieder weg, und ich beruhige mich
damit, einfach eine lebhafte Phantasie zu haben.

Erschreckst du dich auch manchmal vor dem, was in deinem Kopf
so passiert, Jess? Und traust dich dann nicht, es zu artikulieren?

Jess Wo ist die Schmerzgrenze des Mitteilbaren erreicht? Das
hängt damit zusammen, wer zuhört. Wenn es sich nicht richtig
anfühlt und das Bauchgefühl sagt, dass die Menschen einen
eher nicht verstehen werden, dann sollte man wohl schweigen.

Glücklicherweise haben wir die Wahl, wie und ob überhaupt wir Gewalt in unserer Kunst darstellen wollen. Wir dürfen uns frei ausdrücken, selbst dann, wenn Menschen kritisieren, was wir tun. Das Gemeinsame von Poesie und Gewalt zeigt sich im Spektrum der menschlichen Fähigkeit und wird handelnd oder in Form eines Objektes realisiert. Der Ursprung der Kreativität liegt in unserer Vorstellungskraft, und die Gewalt hat ihre Macht im Verletzungspotenzial. Gewalt, die in fiktionalen Texten steckt, ist transformiert und zu Kunst geworden. Ich erschrecke mich nur selten vor mir selbst und habe eher das Gefühl, ich würde andere verängstigen, wenn ich von allem spreche, was in mir sitzt. Das liegt daran, dass die Themen, die in meinen Texten vorkommen, vielen bekannt sind und oft wehtun. Dabei sitzt der erlösende Comic Relief meistens schon im nächsten Absatz oder irgendwo dazwischen. Du arbeitest oft mit Überspitzungen, ich mit phantastischen Elementen wie Gespenstern. Mir kommt gerade der Gedanke, dass auch dieses Formen der Abmilderung sind, die wir nutzen, um nicht schonungslos schreiben zu müssen. Schonungslos wäre: »Ich stelle mir vor, den Menschen vor mir zu schlagen, denn er stört mich.« Schonungslos wäre: »Mein Herz ist zerbrochen, denn meine verstorbene Freundin fehlt mir.« Traumsequenzen, in denen alles möglich ist, sind weitere Sphären potenzieller Abmilderungen. Auch Figuren, die man stellvertretend sprechen lässt. Harte Beats unterstreichen gewaltvolle Texte, softe Beats können die Wirkung abmildern. Kurze und prägnante Sätze können Härte erzeugen, aber beim Vorlesen kann man das abmildern, indem dem Publikum zwischendurch einige Passagen zum Ausruhen geschenkt werden. Beim Schreiben und Vorlesen lässt sich steuern, wie ein Text wahrgenommen wird. Gewalt steckt im Inhalt, aber auch in der Form. Das Spiel zwischen Inhalt und Form ermöglicht so vieles: Prägnanz, Verschärfung, Abmilderung.

SCHWARTZ Ich habe ganze Tracks geschrieben, in denen »Ich stelle mir vor, den Menschen vor mir zu schlagen, denn er stört mich« in drei Strophen zu je 16 Takten episch ausgewalzt wurde, und es sind nicht meine schlechtesten Werke. Das ist halt auch so ein Ding, das ich gerne mag: eine alltägliche Situation und den damit verbundenen Impuls einfangen. Der Typ, der am Fuß der Rolltreppe stehen bleibt und den Betrieb aufhält, man will ihn einfach beiseite schubsen. So etwas will ich fassen, mich in dieses Gefühl hineinbegeben und dann mit maximaler Übertreibung künstlerisch ausgestalten. Love it.

Genau da stoße ich aber immer wieder auf Unverständnis, denn tatsächlich finden eine ganze Menge Leute es falsch, solche negativen Impulse als Grundlage für künstlerisches Schaffen zu nehmen. Und das, obwohl Morde als künstlerisches Motiv in jedem Sonntagabendkrimi vorkommen, darin gesellschaftlich anerkannt sind und anstandslos goutiert werden. Kaum jemand stört sich daran, wenn da ein Typ seinen Bruder tötet, weil dieser dessen Frau vögelte, aber wenn ich das Gleiche aus Mörderperspektive in einem Songtext sage, dann kann das ganz schnell zum Streitgegenstand werden. Vielleicht, weil ich dafür nicht nach 90 Minuten Filmlaufzeit verhaftet werde.

Aber ich will als Künstler manchmal keine Brechung, Auflösung, Abmilderung; ich will nicht per Comic Relief Rezipienten aus einer unangenehmen Situation entlassen. Ich finde es gut, wenn einer sich einen Song von mir anhört oder ein Gedicht liest, und sich einfach nur »Fuck!« denkt.

Jess Oft liegt das Absurde und Unheimliche ja gerade in den alltäglichen Situationen. Über so etwas Grausames wie Mord muss ich dabei nicht einmal sprechen. Es sind Mikroaggressionen und kleine Ekligkeiten, die ständig stattfinden und wie nebenbei passieren, weil sie dazuzugehören scheinen. So wie ich dich verstehe, ist es wichtig, sich darüber im Klaren zu sein, dass es einen Unterschied gibt zwischen »Ich bin tatsächlich aggro und darum mache ich diese Sache hier jetzt mal kaputt.« und »Ich schicke meine Phantasie auf die Reise, damit der nächste Song entstehen kann.« – sich Szenarien auszumalen, gehört zum künstlerischen Arbeitsalltag dazu. I mean … irgendwo muss es ja herkommen. Du setzt dich nicht einfach hin und schreibst aus dem Nichts einen Horrorroman oder, um bei deinem Beispiel zu bleiben, eine *Tatort*-Folge. Dafür mussten deine Gedanken vorher wandern dürfen. Dazu gehört auch, sich erst einmal nicht selbst zu zensieren. Klar gibt es Grenzen, und wir dürfen bewerten, was wir denken. Ich will mir auch nicht alles vorstellen und mache das auch nicht. Was am Ende auf dem Papier landet, ist aber wieder eine andere Frage.

WOZU SCHREIBEN?

Content Note: Auf l ö s u n g

Weil ich, wenn ich nicht schreibe, tot bin, darum.

Wenn ich nicht schreibe, dann ist es, als wäre ich nicht da; wie
verstorben. Wenn ich aber schreibe, dann lebe ich. Ich spüre mich;
mein Innerstes kann aus mir hervortreten. Dabei schreibe ich herbei,
was in mir ist, sogar vor mir selbst im Ungewissen verborgen lag.
Schreiben ist ein geistiger und leiblicher Prozess. Jene Leiblichkeit
ist zugleich auch eine Vergewisserung meiner eigenen Lebendigkeit,
ich forme etwas außerhalb Liegendes, das auch ohne mich weiterlebt.
Wenn ich mir ein Leben ganz ohne Schreiben vorstelle, dann ist
da nicht viel, was mir das Leben gut erscheinen ließe. Traurig,
denken einige. Nein, denke ich. So ist es halt. Was sollte ich die
ganze Zeit tun? Vor mich hin kramen, aufräumen und in der Sonne
liegen, ohne es einer Transformation zu unterziehen, die es mir
erträglicher macht, dass im Grunde genommen alles sehr wichtig
und gleichzeitig egal ist? Wenn ich nicht schreiben kann, wie ich es
möchte, dann lebe ich nicht, wie ich es brauche.

FICK DIE POLIZEI

Content Notes: Preußischer Untertanengeist, zu laute Musik,
Polizeigewalt, N.W.A.-Standard-Outfit

Fuck tha Police. Ein griffiger Slogan, Tagline aus der Hook des
Klassikers von N.W.A., das ACAB für Fortgeschrittene. Es geht
gut von den Lippen, dieses »Fuck tha Police«, der fies zischende
Frikativ im Anlaut, der über das rhythmische »tha« hüpft und im
plosiven »Police« plodiert, und da ist es egal, ob man es passiv-
aggressiv flüstert oder laut rausbrüllt, z. B. bei einer Party in einer
linksalternativen Kneipe im Prenzlauer Berg, in der gerade eine
Polizeikontrolle stattfindet. Ja, es ist ein Slogan, den man fühlt
bzw. zu fühlen glaubt. Wirklich fühlen kann man ihn erst, wenn
der paradierende Zinnsoldat im Kopf Helm und Uniform aus- und
Compton-Locs plus Raiders-Jacke angezogen hat, um nahe der
Amygdala zu cornern.

Aber ich glaube, wir müssen anders anfangen.

Ich bin Deutscher. Daher weiß ich, dass jeder Mensch mit mehr
als fünfzig Jahren deutscher Familiengeschichte diesen Zinnsoldaten
im Kopf wohnen hat. Ich nenne ihn schlicht den inneren Wilhelm.
Er ist dieses Reptil, das den Untiefen des limbischen Systems
entsprungen ist, irgendwann evolvierte und schließlich mit Pickel-
haube, Monokel und Zwirbelbart ausgestattet umgezogen ist, in
einen anderen Teil des Kopfes, vermutlich irgendwo nahe der Groß-
hirnrinde, auf jeden Fall in ein voll entwickeltes, reflexionsfähiges
Areal unseres Gehirns.

Wir alle kennen ihn, er erscheint, wenn wir z. B. über den Gehweg
flanieren, und uns auf einmal ein Radfahrer überholt und scharf
schneidet, oder wenn der Typ da vorn seine Zigarettenkippe auf den
Boden schnippt, oder wenn wir in einem Café am Mehringdamm
sitzen, ein Obdachloser reinkommt und die Gäste nach Geld fragt.

Dann können wir, kurz bevor sich unser Verstand einschaltet und vielleicht Verständnis für das soeben Geschehene aufbringt, einen dieser zackigen, abgehackten Sätze hören, die durch unseren Kopf bellen, sowas wie z. B.: »RUNTER VOM BÜRJERSTEIG MITM RAD!« oder »ZIJARETTENSTUMMEL UFFN BODEN SCHMEISSN 20 EURO STRAFE!« oder »VAJABUNDIERN UN HAUSIERN UNTERSACHT!« – das ist der innere Wilhelm. Sozusagen der Ur-Deutsche, der Alman unter den Jungschen Archetypen.

Der innere Wilhelm findet sich nicht nur im Spießer in seinem Schrebergarten, der sich über die ungestutzte Hecke des Nachbarn aufregt oder im obrigkeitshörigen Mieter, der Lärmprotokolle über die verdammte Studenten-WG aus dem dritten Stock führt. Nein, Tatsache, auch die sich selbst progressiv, links oder linksradikal verortenden Kräfte unserer Gesellschaft haben einen inneren Wilhelm, der davon lebt, Gesetzesverstöße zu ahnden und Delinquenten zurechtzuweisen. Sie können das gerne selber mal testen, wenn Sie z. B. bei der lokalen Antifa im Plenum sitzen, und ein Redner dort seinen Vortrag beginnt mit: »Liebe Teilnehmer«; dann ist es der innere Wilhelm, der aufspringt und im Kasernenton schreit »DET HEISST TEILNEHMER*INNEN«, denn das ist sein gottverdammter Job.

Der innere Wilhelm, das ist der ewige Hauswart, ein militaristisch gekleideter Wachhund, die wilhelminische Personifikation unseres Rechtssinns, der bitte nicht mit dem Gerechtigkeitssinn verwechselt werden darf. Jeder, der mal mit der Staatsgewalt zu tun hatte, weiß, dass Recht und Gerechtigkeit nichts miteinander zu tun haben.

Dem inneren Wilhelm geht es nicht darum zu benennen, was gerecht oder ungerecht, richtig oder falsch ist, sondern alleine darum, Recht durchzusetzen, und dieses Recht kann alles mögliche sein, was irgendwo mal schriftlich in Deklarativsätzen festgehalten und in Paragrafen eingeklammert Axiom wurde und damit irgendeinen Anschein von Allgemeingültigkeit innehat. Der innere Wilhelm, unser preußisches Reptil, beharrt auf der Hausordnung, der Aufbauanleitung eines IKEA-Möbels und dem Duden. Er heult wütend auf, wenn jemand die Tür zum Garten offen stehen lässt, bei der Schrankmontage eine winzige Schraube vergisst oder versehentlich einen Löffel Zucker mehr in den Pudding gibt.

Dem inneren Wilhelm geht es nicht um Inhalte und Sinn, sondern ausschließlich um formales, normatives Recht, und hier können wir langsam wieder den Bogen zum Einstieg schlagen: Fuck tha Police.

Zunächst halten wir aber fest, dass unser innerer Wilhelm als Hüter der Ordnung einen natürlichen Respekt vor der Polizei hat, jenen mit staatlicher Exekutivgewalt ausgestatteten Ordnungshütern. Angesichts chicer Uniformen und zackigem Auftreten schlägt er jubilierend die Hacken zusammen.

Wenn also z. B. ein Polizist auf eine Party in einer linksalternativen Kneipe im Prenzlauer Berg kommt und Sie durch die bouncenden Bässe hindurch fragt: »Wer is'n hier der Gastgeber?«, dann antworten Sie natürlich ganz normal: »Der da hinter der Theke« oder vielleicht auch »Kein Plan«, aber innerlich salutiert Ihr innerer Wilhelm mit stolzgeschwellter Brust und kläfft: »MELDE JEHORSAMT, HERR WACHTMEESTER!«

Stellen wir uns also vor, wie der Polizist sich den Weg durch die anderen Gäste hindurch zum Veranstalter bahnt, und halten fest, dass die bouncenden Bässe immer noch vom Klassiker von N.W.A. kommen, wo gerade die Hook einsetzt, und der ganze Raum »Fuck tha Police! Fuck – Fuck – Fuck tha Police!« brüllt. Man möchte meinen, dass der innere Wilhelm erschrocken zusammenzuckt, bedröppelt die Pickelhaube vom Kopf nimmt und schuldbewusst mit den Füßen scharrt, aber weit gefehlt. Dem inneren Wilhelm geht es ja nicht um Inhalte, deshalb empfindet er überhaupt keinen Stress, wenn »Fuck tha Police« gebrüllt wird, während ein Polizist im Raum ist. Wenn aber dieser Polizist dem Veranstalter lautstark mitteilt, er möge doch bitte die Musik leiser machen, es sei schon nach zehn, dann schlagen im Kopf wieder die wilhelminischen Hacken zusammen, und ihr Oberstübchen-Untermieter bellt: »NACH ZWOUNZWANZIG UHR NUR NOCH ZIMMERLAUTSTÄRKE, JAWOLLJA!«

Sagen wir es, wie es ist: Der durchschnittliche Deutsche hat schlichtweg kein Problem mit der Polizei; er entschuldigt

sich und dreht die Musik leiser. Selbst, wenn er das mal nicht
tut, wird umgekehrt der Polizist auch kein Problem mit ihm,
dem durchschnittlichen Deutschen, haben. Er wird lange und
deeskalierend mit ihm sprechen, irgendwann vielleicht ein
Ordnungsgeld androhen, und spätestens dann wird die Musik
leiser gedreht – alle sind zufrieden. Damit die paradierende
Zinnsoldatensynapsenansammlung die Epaulette gegen eine fette
Goldkette und das Säbelbandelier gegen einen Pager tauschen und
back the reptilian roots kann, muss man zuvor symbolisch oder
buchstäblich ein paar schmerzhafte Tritte abbekommen haben.

Beispielsweise könnte man als Mittzwanziger ein paar Songs
aufgenommen haben, in denen man möglicherweise eine Politikerin
beleidigte oder ankündigte, Polizisten brutalstmöglich killen zu
wollen, was der eine oder andere ermittelnde Beamte eventuell für
bare Münze und persönlich nahm. Man könnte darüber hinaus
etwa noch martialisch mit Machete und Maschinengewehr auf
Fotos im Internet posiert haben, worin die ermittelnden Beamten
einen Verstoß gegen das Kriegswaffenkontrollgesetz zu erkennen
glaubten, was ihnen einen Grund lieferte, hart durchzugreifen.
Erfreut, die Subjekte, die ihre gesamte Zunft musikalisch
massakriert hatten, als Tatverdächtige behandeln zu können, traten
sie mit einem Sondereinsatzkommando um sechs Uhr morgens
deren Tür ein.

Ab diesem Moment ist man nicht mehr der durchschnittliche
Deutsche, der kein Problem mit der Polizei hat, und mit dem auch
die Polizei kein Problem hat. Man ist nie wieder jemand, der halt mal
zufällig zur falschen Zeit am falschen Ort war.

Ab diesem Moment ist man der Feind.

Einer, bei dem der Polizist, während er routiniert in der links-
alternativen Kneipe gerade die Personalien sämtlicher Anwesenden
aufnimmt, beim Studieren des Namens mit schlagartig verhärtetem
Blick sagt: »Ach, SIE sind das.«

Einmal als Feind identifiziert, kann man leicht in Situationen
geraten, in die die meisten weißen Deutschen sonst nicht kommen,
wie z. B., in Handschellen auf einem Stuhl in einem kameralosen
Raum zu sitzen, umringt von einem Haufen uniformierter

Muskelberge, die einem grinsend sagen, man solle doch jetzt mal
kurz die Augen schließen, und dann, nun ja, in der Realität des
Pic or didn't happen-Zeitalters ist dann »nichts« passiert, jedenfalls
nichts, was vor einem Gericht beweisbar wäre. Oder man wird in
der eigenen Wohnung in Handschellen von einem ermittelnden
Kommissar befragt, der auf ein lakonisches »Ohne Anwalt äußere
ich mich nicht« erwidert: »Okay, Sie wollen nichts sagen, das ist Ihr
gutes Recht, aber wenn Sie sich jetzt in irgendeiner Weise bewegen,
werte ich das als Fluchtversuch, und dann werde ich von der Waffe
Gebrauch machen: das ist nämlich MEIN gutes Recht.«

Dann tauscht der innere Wilhelm endgültig die preußische
Paradeuniform gegen Compton-Streetwear und hängt fortan im
Ghetto des Mandelkernkomplexes.

Die meisten weißen Deutschen werden von der Polizei nicht
als Feind gesehen und entsprechend behandelt – die Glücklichen.
Deswegen schlägt ihr innerer Wilhelm die Hacken zusammen,
sobald ein Polizist sie etwas fragt, und selbst wenn sie auf cool tun
und Sachen sagen wie: »Das sag ich Ihnen nicht, ich muss gar
nicht mit Ihnen reden«, wird gleichzeitig in ihrem Kopf jemand
»IS' DOCH NUR N JUX, HERR WACHTMEESTER!« bellen.

Sie fühlen den Song »Fuck tha Police« nicht mehr, sobald er
aufgehört hat zu spielen, weil irgendein anderer Song läuft, dessen
Bässe genauso bouncen und sie nie von der Polizei gefickt worden
sind. Während in meinem Kopf immer noch der frikative Zischlaut
von einem züngelnden Reptil wiederholt wird, das in Sneakers und
Cap gekleidet am Abgrund des limbischen Systems chillt.

BUBBLES

Content Note Außenseitertum

Jess

FLUCH

Content Note: Gatekeeping

Ich muss etwas erzählen.

Vor ein paar Jahren sagte eine wichtige Person in Entscheider-position, ich nenne sie Frau Glas, zu mir: »Sie sind aber schon sehr Friedhof« und meinte damit, meine Geschichten würden vom Tod handeln, was sich nicht gut verkaufen ließe. Ich lachte, weil ich nicht wusste, wie ich angemessen reagieren konnte; zwischen uns bestand ein Machtgefälle. Sie war die mit der Strategie, den Zahlen, den Kontakten. Und ich die mit den Texten. Mein Wunsch war gewesen, dass sie meine Texte lesen, mich empfehlen, mir kompetente Ratschläge geben und, ja, mich in meiner Eigenständigkeit als Autorin an- und ernst nehmen würde.

Der Friedhof-Kommentar wirkte noch jahrelang nach, hemmte mich und mein Schreiben, ließ mich an der Qualität meiner Texte und Ideen zweifeln. Als wäre ich verflucht. Um ein paar dieser nagenden Gedanken loszuwerden, erzählte ich meinem Freund Raffi davon. Er fasste sich ungläubig an den Kopf. Schließlich sei doch meine ~Spookyness~ mein »unique selling point«. Das, was mich besonders macht, was mich ausmacht. Sie hätte daraus doch eine perfekte Persona machen können. Thematisch und optisch, alles hätte gepasst. Wenn Frau Glas doch nur das Potenzial meiner Gruseligkeit erkannt hätte! Stattdessen nahm sie meine Geschichten auseinander und auch mich. Ich sollte meine Worte verbiegen. Der Friedhof dürfte zwar bleiben, aber das lesbische Paar müsste weg, vor allem Kinder dürften die beiden nicht haben, das wäre einfach zu viel, das Publikum würde so was nicht glauben.

Alles sollte in einer heiteren Kleinstadt spielen. Pastellgelbe Kleider, Meeresbrise, Landcharme trotz guten öffentlichen Nahverkehrs. Regionalgeschichten gingen immer gut, gab mir Frau

Glas mit. Am besten welche mit Witz und Happy End. Ich nahm
also meine traurigen Friedhofsgeschichten mit glücklichen Lesben
und überlegte hin und her. Es fiel mir nicht leicht, aber schließlich
machte ich aus den beiden Frauen ein Heteropaar. Ich packte ihre
Koffer, ließ sie in einen Umzugswagen steigen und verfrachtete sie
in ein idyllisches Örtchen zwischen Stadt und Land.

Dort führen sie seitdem ihr Stinoleben, und ich habe sie nie
wieder gesehen.

Ich bin also sehr Friedhof. Oder als Adjektiv? Ich bin sehr
friedhof. Ich weiß nicht genau, wie Frau Glas ihre Worte tatsächlich
meinte, aber es war das erste Mal, dass ich mich in der Literatur-
branche falsch fühlte. Generell fühle ich mich mehrmals in der
Woche falsch. Deplatziert, unpassend, ausgeschlossen. Weil ich per
Fremdzuschreibung als »Hexe« wahrgenommen werde und per
Selbstzuschreibung Hexe bin.

Ich lachte wohl aus Überforderung, weil ich mich zugleich
gesehen und dafür ausgeschlossen fühlte. Ja, mein Leben findet oft
auch auf Friedhöfen statt. Wessen Leben denn nicht? Ich blicke mich
um. Einige meiner Freund*innen haben noch keine Tode erlebt oder
fangen gerade erst damit an. Dann sind Friedhöfe vielleicht noch
kein Ort für sie. Ich hingegen bin Profi. Für mich war der Tod von
Anfang an dabei. Ich wuchs mit der Vorstellung eines Opas auf, der
extra für mich ein Kinderzimmer gebaut hatte, aber dann noch vor
meiner Geburt verstarb. Mein toter Opa legte das feine Tuch der
Trauer über alles, was das Auge berührte. Womit ich auch aufwuchs,
war die Erzählung, dass, wenn der Tod käme, da nichts mehr sei
außer Schlaf und Dunkelheit. Als Kind hat es mir wehgetan, keinen
Himmel zu haben, an den ich glauben konnte.

Auf mir liegt ein Fluch. Die Verwobenheit mit der
Vergänglichkeit steckt in meinen Knochen, das ist meine Welt. Ich
wurde von Frau Glas als Mensch ertappt und beschämt. Mir wurde
gesagt: Das passt hier nicht rein. Du passt hier nicht rein. Ich mit
meiner Geschichte passe da nicht rein. Ha! Als ob ich das nicht längst
wüsste.

Während meines Tagesausflugs in den Hauptstrom der leicht
verkäuflichen Literatur habe ich gelernt, dass ich ein Lachs bin.

Gegen den Strom muss ich, und wenn ich es mal vergesse, merken es die anderen. Ein Lachs hat es schwerer damit, voranzukommen, und ein Lachs sieht mehr: große Häuser, kleine Schluchten, viele Details und, ja, hin und wieder auch einen Friedhof.

SCHWARTZ Reden wir über Gatekeeping: Als mein Verleger
vom Ach je Verlag bei diversen Buchblogs anfragte, ob sie eine
Rezension zu meinem Gedichtband *Vantablack* machen wollten,
bekam er unisono die Antwort: »Der ist doch gar kein Lyriker, der ist
nur ein Rapper.« Offenbar muss man Mitglied der Lyriker-Innung
sein, um als Lyriker durchzugehen.

Jess In deiner Erfahrung spiegelt sich auch wieder eine Form
der Gewalt: die systemische. Die Position des Außenseiters ist die
des Gegensatzes zur hegemonialen Norm. Außenseiter*innen
stehen damit automatisch auch entgegen der aktuell akzeptierten
gesellschaftlichen Ordnung; sie werden als störend empfunden, weil
sie mit ihrem Auftreten die Ordnung implizit oder explizit in Frage
stellen. Damit wirken sie bedrohlich für diejenigen, denen daran
gelegen ist, den Status quo zu erhalten. In welchem Verhältnis stehen
aber die vermeintlichen Außenseiter*innen zur Ordnung der sie
umgebenden Welt?

Besonders die Schnittstellen und Momente der Grenzüber-
schreitung sind dabei von Interesse, weil sie wahrnehmbar machen,
wodurch Ordnung und Unordnung definiert werden und wo
Möglichkeiten des Neuen entstehen, also Grenzen erweitert werden.
Ein Rapper, der Lyrik schreibt, irritiert offenbar aktuell viele
Menschen noch ähnlich wie eine Autorin, die selbstsicher auftritt.
Den Außenseiter*innen wird so ungefragt die Aufgabe zugewiesen,
die bisherige Weltordnung zu verändern. Geschichts- und
Erzählungsentwicklung ist immer in mehreren Richtungen möglich:
vorwärts, rückwärts, im Kreis gehend, auf der Stelle tretend.

Ob die Akzeptanz der Außenseiter*innen tendenziell dazu führt,
dass sie ins System integriert und dabei in gewisser Weise auch
wirkungslos werden, ob sie vom System lediglich toleriert und kon-
trolliert als negativ oder positiv konnotierte Außenseiter*innen im
Inneren agieren dürfen, oder ob es eine positive Teilhabe für Außen-
seiter*innen geben kann, ist eine Frage, die wir gedanklich und auch
mit unserer zukünftigen Arbeit durchspielen können und sollten.

SCHWARTZ Ich bin ja eigentlich gerne Außenseiter, in der
Hiphop- und auch in der Literaturszene. Mit meinen Horrorcore-
Songs und Splatter-Lyrics bin ich in der Musik genauso ein Kuriosum
wie als Dichter mit Rap-Hintergrund in der Lyrik. Im Grunde ist
dieses Gefälle zwischen Hardcore-Rap und Liebesdichtung mein USP.

Ich vermute, dass es schlichtweg ökonomische Motive sind, mich
kategorisch aus den gepflegten Gefilden der Kultur rauszuhalten. Als
Mensch finden mich Entscheider schon okay, das merke ich, vielleicht
wollen sie aber bewusst oder unbewusst einfach nicht riskieren,
Publikum, Sponsoren, Veranstalter zu verschrecken, indem sie einen
Typen präsentieren, über den Wikipedia verrät, dass er nicht nur
Liebesgedichte, sondern auch Rap-Alben mit Titeln wie *Folterkeller
der Zombienutten* gemacht hat. Das verstehe ich sogar.

Jess Grenzüberschreitung und Provokation sind für dich als
Horrorcore-Rapper ja geradezu Pflicht. Viele kulturelle Gruppen
profitieren davon, dass es so etwas wie In- und Outsider gibt. Denn
sobald sich jemand zuordnet, geschieht gleichzeitig auch immer
eine Abgrenzung von etwas anderem. Das ist im besten Fall ein völlig
wertfreier Vorgang, den wir alle in unterschiedlichen Kontexten
selbst erleben oder herbeiführen. Deine Musik würde nicht schocken,
wenn da niemand wäre, der sich von ihr außerordentlich gestört
fühlen würde.

Wichtig aber ist, dass wir unterschiedlich Anderen möglichst oft
gemeinsame Sache machen. Dieses Buch hier ist doch der Beweis,
dass es funktionieren kann und auch ein gutes Beispiel, wie. Oder
hättest du vor fünf Jahren gedacht, dass wir einmal zusammen
schreiben würden?

SCHWARTZ Ich habe gedacht: »Wow, sie ist gut, von ihr kannst
du eine Menge lernen« – und guess what? Ich lag richtig <3 –, aber
dass wir mal wirklich zusammen ein Buch schreiben würden, nein,
das hätte ich nicht gedacht.

Lustigerweise habe ich dich überhaupt nicht als Außenseiterin wahrgenommen, eher als so eine Litbubble-Inner-Circle-Playerin, du warst ja auf Twitter mit einer Menge schreibender Accounts vernetzt. Ich hätte nie gedacht, dass du mit ähnlichen Problemen und Vorurteilen wie ich zu kämpfen hast.

Das Außenseitertum nicht absolut zu setzen und auch sozial zu verankern, empfinde ich als einen superben Gedanken, weil es diese Selbststilisierung und -inszenierung als Outlaw ausschließt, die spätestens seit Nirvana 1992 im Mainstream angekommen ist. Der wahre, der unfreiwillige Außenseiter, das ist nicht der Student, der aus Jux und Dollerei »Fickgedärm zermetzeln« ins Mikrofon brüllt (Hi!), sondern eher der Hauptschüler aus dem Plattenbau, der seine Herkunft zu kaschieren versucht, während er beim Poetry Slam vor einer habituell komplett anders sozialisierten Gruppe liest.

Jess Du hast recht. Ich bin eine Netzwerkerin, kenne viele Menschen und stoße vieles an. Dabei bewege ich mich als Mensch aber oft im Dazwischen. Ich bin Arbeiterkind, die erste und einzige Person in meiner Familie, die studiert hat. Meine Superkraft ist, viele soziale Sprachen zu sprechen und nicht vergessen zu haben, wo ich herkomme. Ich kann an der Uni und an der Volkshochschule lehren, bringe Menschen aus so genannten bildungsfernen Schichten ins Museum und spreche mit ihnen über ziemlich abgedrehte Kunst. Genauso kann ich mit ihnen aber auch zu Ballermann-Hits tanzen gehen, wenn es sich ergibt. Ich bin zielstrebig und offen, bekomme was auf die Reihe, bin dabei aber schwer in eine Schublade zu stecken. Das wirkt leider auf viele Leute furchteinflößend.

Interessant ist, dass sich Menschen, denen monetäre oder habituelle Zugänge zu bestimmten kulturellen Sphären fehlten oder fehlen, untereinander immer erkennen. Zumindest ist das meine Erfahrung. Wenn ich mich in Gruppen begab, die gemeinsam etwas unternahmen – gewerkschaftlich, künstlerisch, »für die gute Sache« –, dann waren es stets Arbeiter- und Migrakinder, die Halt und Stärke in der Gemeinschaft suchten und fanden. Die Herausforderung ist, dass wir meistens nicht von Haus aus die Selbst-

verständlichkeit mitbekommen haben, Raum einzunehmen und
überall mitzumachen, wir kennen dieses gefühlte Geburtsrecht
nicht. Wer aber in die existierenden Räume nicht reinkommt,
braucht andere, eigene Räume. Aus dieser Erkenntnis habe ich eine
Art Motto abgeleitet: Wenn man etwas haben möchte, und es
existiert noch nicht, muss man es selbst bauen. Dazu braucht es aber
viel Durchhaltevermögen, und es geht auch nicht ohne Verbündete.
Menschen, die einen ablehnen, weil man nicht in deren Bild passt,
verlieren an Macht über einen, sobald man sich mehr an Menschen
hält, die einen verstehen. Wenn man mit Verbündeten etwas auf die
Beine stellt, verbiegt sich niemand mehr. Gemeinsam sind wir
plötzlich sogar stark, denn wir sind viele.

Jess

KONSENSUELLE GEWALTESKALATION
Ein Liebesbrief an die Tanzflächen
Content Notes: Schreien, Tanzen, Konsens

Ich stehe in einem Hamburger Club in der dritten Reihe vor der Bühne. Das Publikum gleicht mir. Sie tragen Schwarz, duften nach brennendem Herbstlaub, haben ihre Gesichter einen Tick blasser geschminkt, und alle blicken zur Bühne. Es ist wichtig, sich manchmal in seiner Umgebung erkennen zu können. Auf der Bühne stehen die drei Musikerinnen von Kælan Mikla. Heute wird sich hier im Publikum niemand konsensuell zum Takt der Band im Moshpit prügeln, aber in mir lodert eine Faszination und aktive Bereitschaft für unkontrolliertes Geschrei auf. Im Refrain des Songs »Sólstöður« stoßen Kælan Mikla immer wieder heftige, kraftvolle Schreie aus, die direkt aus ihrer Leibesmitte zu kommen scheinen. Die Körper der Musikerinnen stehen fest, ihre Hälse spannen sich unter dem Schreien an, sie werfen ihre Köpfe in den Nacken. Ich bin gebannt und will das auch können. Nach dem Konzert frage ich sie, wie es geht. »Üben«, lautet die Antwort. Ich solle anfangen, wo mich niemand hört. Vielleicht unter der Dusche, dort sei der Klang gut. – Ich kann bis heute nicht so beeindruckend schreien wie sie, aber ich muss es auch nicht, weil sie, weil andere es für mich tun.

Wo werden Jugendliche ihre Aggressionen los, wenn immer mehr Clubs schließen? Wo erfahren Menschen die Wirkungszusammenhänge eines verletzten Herzens und eines treibenden Blastbeats, zu dem sich gerade jemand die Lunge raus singt? Damit will ich nicht sagen, dass ich oder wir es besser gehabt hätten, weil früher an jeder dritten Straßenecke eine Disco war, denn das wäre kein Ausdruck von Mitgefühl, sondern Adultismus. Ich möchte nur sagen, dass ich es Jugendlichen zu allen Zeiten wünsche, Raum und Zeit einer

Clubnacht zu erleben. Sogar der Moshpit war für mich ein relativ sicherer Raum, weil ich nie komplett drin war, sondern nur am Rand herum hüpfte. Gereizt hätte mich das Drinnensein sehr, doch bin ich nicht unbedingt groß gewachsen und auch nicht sonderlich breit, so dass ich lieber nicht riskieren wollte, übersehen und versehentlich verletzt zu werden. Stattdessen nahm ich draußen, aber nah dran meinen eigenen Platz ein.

Nicht am Rande, sondern drinnen zu tanzen, lernte ich bei den Gothics, die ja dafür bekannt sind, eher für sich zu tanzen und dabei auch Raum zu beanspruchen, sich diesen einander aber gerne zu geben. Ich ließ mich auf der Tanzfläche von der Musik umspülen und rangelte statt mit herumspringenden Menschen mit meinen inneren Konflikten. Lösungen handelte ich so zwar nie aus, aber ich erlaubte meinem Körper, einem Drang zu folgen und meinem Kopf, für eine Weile nicht denken zu müssen. – Weil jede*r eigene Lieblingssongs hat, müsst ihr euch eure Musik nun vorstellen oder sie am besten sogar anmachen. – Dieses Gefühl, wenn sich Schultern beim Tanzen berühren, sich Kräfte begegnen, und man still voneinander weiß, wie wichtig und sakral der Augenblick ist, in dem man tanzt und springt und sich mit den Tönen wiegt, ist wesentlich, denn es bedeutet Konsens.

Manchmal rempele ich beim Tanzen versehentlich Menschen an oder laufe in sie hinein, dann suche ich ihren Blick, und wenn wir einander ansehen, verständigen wir uns schnell und freundlich darüber, dass keine aggressive Absicht dahinterstand. Dann tanzen wir weiter. Diese Momente sind kurz und klein und doch so wichtig.

Ich weiß, es geht auch ganz anders, das Gegenteil von Konsens, aber daran kann ich gerade nicht denken, denn das würde bedeuten, dass ich nie wieder tanzen gehen kann, nur noch im Dunkeln in meinem Wohnzimmer und mit mir ganz alleine tanzen könnte. Ich will aber an die Räume glauben, in denen es okay ist, sich versehentlich in die Quere zu kommen und danach weiterzumachen, weil es okay ist, in einem Raum mit Grenzen zu sein, die im Takt mitwippen.

HERZSTÜCK, EIN ABGESANG

Content Notes Gebrochene Herzen, Twitter, Schreiben kurzer Texte, Mikropoesie

Jess Eigentlich will ich mich nicht kurz fassen, schließlich habe ich viel zu sagen. An mancher Stelle habe ich es jedoch akzeptiert, verinnerlicht, mir zu eigen gemacht. Zum Beispiel beim Schreiben von Meldungen fürs Radio oder von Veranstaltungshinweisen für Printmedien. Da geht es darum, kurz und bündig für das flüchtige Ohr und das schnell lesende Auge auf den Punkt zu bringen, worum es geht. Ohne Ab- und Ausschweifungen. Perfektioniert und in 40.000 Texten ausgelebt habe ich die kurze Form auf dem Kurznachrichtendienst Twitter (*2006, † 2023). Gemessen an der Zeit, die ich dort seit 2008 als aktive Userin verbracht habe, sind das nicht einmal sonderlich viele Tweets gewesen; ich hatte den persönlichen Anspruch, den virtuellen Ort nicht zu fluten. Deshalb teilte ich etwa auch keine Bilder von meinem Essen. No offence, ich esse sehr gerne. Dank meiner Methode des achtsamen Tweetens kam über die Jahre eine Timeline zustande, die sich als kuratiert auffassen lässt. Ich fühlte mich von Anfang an auf Twitter sehr wohl und als Schreibende beheimatet.

Sich als Künstler*in kurz zu fassen, ist eine sonderbare, dankbare, manchmal schwierige Herausforderung. Es bedeutet, das zu Teilende auf die kleinste sinntragende poetische Einheit zu reduzieren und Bonmots zu produzieren, mit denen man gerade noch leben kann, wenn Zeitungen sie ungefragt abdrucken. Handwerklich bedeutet der Zwang zur Kürze, am Ende eines Satzes auf einen Punkt zu verzichten oder mitten im Text ein »und« abzukürzen, wenn man doch nicht auf den Endpunkt verzichten will.

SCHWARTZ »Das lange Gedicht als Vorbedingung für kürzere«, schrieb Walter Höllerer in seinen *Thesen zum langen Gedicht*, das fiel mir gerade ein, ich sehe es aber anders als er. Verdichtung und Kürze sind nicht zwangsläufig eine Herausforderung, denn wenn man einen bestimmten Rhythmus im Kopf hat, weiß man gegebenenfalls, dass der Text nicht anders sein kann als KURZ.

Deswegen funktioniert Verdichtung nicht, zumindest für mich nicht, im Sinne von Auslassung, Streichung usw., aber vielleicht benötigt man einen Haufen längerer Texte oder einfach viele Texte, um diesen bestimmten Rhythmus entwickeln, entdecken, erfühlen, passend zu finden, sich aneignen zu können.

Kurze Texte haben so unglaublich viele Vorteile: leichter zu lesen, leichter zu teilen, leichter zu merken, und wenn wir es genau nehmen, sind es ja auch immer kurze, prägnante Verse aus den längeren Texten, die hängenbleiben: Schlagworte, Hooks/Kehrreime, Sätze oder Satzteile, »denn jedes Herz zerhackt zuletzt ein Spaten«, »es sei gesegnet wer die Welt verachtet«, »der Abend wiegte schon die Erde / und an den Bergen hing die Nacht«, »Komm mein Kind, komm her zu mir / gar schöne Spiele spiel ich mit dir« usw.

Deswegen bin ich absolut pro Kurztext, pro Epigramm, pro Mikropoesie, pro Sinnspruch.

Jess Ob Verdichtung durch Auslassung erreicht wird oder nicht, muss gar nicht eindeutig geklärt werden, weil es beim Dichten so mannigfaltige Herangehensweisen gibt, wie unterschiedliche Schreibende existieren.

Höllerer verfasste die *Thesen zum langen Gedicht* ja bereits 1965, von der heutigen Kurzlebigkeit mancher Literatur hat er gar nichts mitbekommen; persönlich denke ich, dass ihm Twitter als Gegenentwurf vermutlich gefallen hätte. Schließlich war er, wie es auch in den Thesen steht, für einen spielerischen Umgang mit Dichtung und die Verquickung von Alltag und Literatur. Genau das hat sich auf Twitter, bevor es X wurde, in höchster Vollendung vollzogen.

Funny Side Note

Als ich irgendwann beim Tweeten komplett ins Künstlerische abgedriftet war und meinen Weg zurück ins Alltägliche suchte, erdachte ich die Überschrift »Alltagstweets für mehr Lebensnähe«, um mir selbst zu erlauben, über weniger poetische Themen zu schreiben. Inzwischen habe ich solche Zwangsrahmungen überwunden.

[@jesstartas, 14. September 2020]
Alltagstweet für mehr Lebensnähe
Ich gebe meinem Alltag diese Überschrift. Ist das der Versuch, hier
auch 1 Mensch zu sein oder ist das 1 Literatur?

Wenn Höllerer schreibt, das lange Gedicht sei die Voraussetzung für das kürzere, kann es auch folgendermaßen gelesen
werden: Wenn wir kurze Gedichte schreiben wollen, dann müssen
wir auch wissen, wie lange Gedichte funktionieren, weil wir sonst
nicht wüssten, worauf es beim bewussten Weglassen ankäme.
Klipsiklaro, Kinder sprechen Dreiwortsätze, wir lernen schreiben,
probieren uns aus, lernen uns im Ausdruck kennen, doch dies ist
nur der Weg hin zum Literarischen und nicht die Anwendung
des Literarischen selbst. Am Ende geht es doch um die Kunst des
Weglassens, es ist nur egal, ob man beim Schreiben die Worte vorher
schon weglässt oder sie erst im Nachgang streicht. Wichtig ist,
dass man das, was nicht (mehr) dort steht, auch denken kann und
gedacht hat.

Wenn wir einen längeren Text haben und darin Worte streichen,
dann besteht auch im Weglassen dieser Worte eine Aussage, und es
heißt nicht umsonst: Kürzen ist am schwierigsten. Die Kunst des
Weglassens spielt mit den Erwartungen. Im Nichtgesagten liegt
das Vermutete. Das ist ein Bereich des Imaginierten, den ich den
Menschen überlasse, wenn sie meine Texte lesen. Allerdings bin ich
kein Fan vom radikalen Weglassen der Adjektive. Es kommt auf die
Dosis an.

Manchmal wird ein Text erst dann richtig gut, wenn ihm das
genommen wird, was nicht in ihn hineingehört, weil er dann erst
eine Dynamik erhält. Ich merke das besonders beim Schreiben von
Geschichten für das Magazin *Benjamin Blümchen*, wobei ich mich
gerne in Beschreibungen verliere oder die Figuren noch ein kleines
Seitengespräch führen lasse. Die Frage der Redaktion oder auch
meine eigene Frage an mich lautet dann immer wieder: Bringt es
die Story voran? Meistens lautet die nüchterne Antwort: »Nein,
das tut es nicht.« Das sehe ich aber leider erst hinterher. Dabei liegt
doch der Gedanke nahe, gleich zu Beginn nur das hin zu schreiben,

was zwingend in den Text gehört. Man erkennt den Unterschied zwischen den »richtigen« und den »falschen« Worten oft erst im Kontext. Ausprobieren und Löschen sind elementare Bestandteile des Schreibens. Ansonsten bräuchte es keine Lektor*innen, sie wären alle arbeitslos.

Die Möglichkeit des potenziell unendlichen spielerischen Umgangs mit Sprache aka Twitter wurde uns genommen, als ein reicher weißer Dude kam, der Vielfalt hasst. Seither ghoste ich die Plattform.

[@jesstartas, 1. Juni 2023]
Jess & das Gespenst betreten Twitter @ 12:53:13

SCHWARTZ »Alltagstweets für mehr Lebensnähe« finde ich nice. Ein griffiger Slogan für die Poetisierung des täglichen Lebens. Mein erster Tweet dürfte genau darunter fallen:

[@schwartz, 12. Juli 2012]
EIN FEUERLÖSCHER MUSS ALLE ZWEI JAHRE AUF SEINE FUNKTIONSTÜCHTIGKEIT ÜBERPRÜFT WERDEN!!!

Zugleich zeigt der Tweet aber auch, was ich damals von Twitter hielt: gar nichts. Ich wurde überredet, mich dort anzumelden und wusste mit dem Plattformkonzept nichts anzufangen. Als Promotool fand ich es zu schnelllebig, als Blog war es mir zu limitiert. Folgerichtig habe ich anfangs auch nur Müll in Tweetform fabriziert. Shitpostings, Songzeilen, die mir im Kopf hängen blieben, Provokationen ... das Übliche halt. Eine Art Gedankenmüllhalde, wo ich den ganzen Schrott aus meinem Kopf abladen konnte.

[@schwartz, 26. September 2016]
»Die hohe Kunst des Keinen-Fick-Gebens« gibt's jetzt auch auf italienisch. Heißt: »Das Vaffanculium nach Schwartzus«.

Dass es so etwas wie »Twitteratur« gab, schnelllebige 140-Zeichen-Mikropoesie, habe ich zwar schon früh mitbekommen, aber damals als belanglos abgetan. – Jetzt muss ich mich wohl leider als etwas zu

jung geratener Boomer outen, dem nur das gedruckte Wort etwas
bedeutet und der per se auf digitale Literaturformen hinab sieht
ja, genau das tat ich damals auch, obwohl ich mich schon Anfang
der 2000er mit Literatur in Hypertexten befasst hatte, aber die gab
es ja auch gedruckt. Ich unterschied zwischen Texten in Büchern
(wertig, überdauernd, für die Ewigkeit!) und Texten im Internet
(beliebig, flüchtig, morgen vergessen). Es brauchte lange Zeit und
die Bekanntschaft mit sehr viel klügeren Menschen, z. B. mit dir,
liebe Freundin, <3, um mich gedanklich aus diesem verkrustet
konservativen Schema zu lösen.

Ich mag diese Verquickung von Alltag und Literatur, wie du es
nennst, sehr. Es wirkt reizvoll, ein wenig wie eine Rückkehr zum
Mündlichen. Es gibt diesen Spruch: »Wer schreibt, bleibt. Wer
spricht, nicht.« (Ich habe das mal bei Robert Gernhardt gelesen, aber
es ist wohl ein Sprichwort.) Man könnte ergänzen: »Wer twittert,
verwittert.« Wenn man bedenkt, dass der Tweet von heute morgen
schon wieder unter hunderttausend nachfolgenden erstickt ist
(nur auffindbar durch die Suchfunktion, quasi das ausgelagerte
Gedächtnis), dann meine ich da irgendwie schon Parallelen zwischen
dem Mündlichen und dem Digitalen zu erkennen.

[@schwartz, 5. Juli 2021]
Kapitalismus sabotieren, indem man während der
Arbeitszeit Gedichte in den Editor hackt

Interessant an Twitter finde ich, dass das flüchtig Hingedichtete
auch eine unmittelbare Reflexion erfordert; bis hin zur Symbiose,
quasi dem Schreiben über das Geschriebene im Geschriebenen selbst.
Meisterhaft wurde das in dem als SUKULTUR-Leseheft erschienenen
Text *Ist das 1 Literatur* von Anna Neuwirth und Julia Knaß gemacht.
Auch die Distanz zwischen Schreiber und Geschriebenem reduziert
sich, was völlig neue Möglichkeiten schafft. Seit einem via Social
Media jeder jederzeit die Meinung sagen kann, denkt man das auch
gleich mit. Das nächste Level von Wolfgang Isers »implizitem Leser«.

Jess, beeinflusst dich der Gedanke an die unmittelbare Reaktion
auf etwas von dir Verfasstes? Ich meine damit nicht, dass mich das
unter Druck setzt, etwas »Gutes« abzuliefern (was auch immer das

sein mag), sondern, dass ich die zu erwartenden Reaktionen im Text deutlicher antizipiere. Das ist für mich, glaube ich, das Reizvollste am unmittelbaren, digitalen Schreiben und Veröffentlichen auf Twitter (und natürlich die Likes, ich brauch VIELE Likes, sonst mag ich meine Twitteratur nicht mehr).

Jess Die Vergänglichkeit unserer Postings auf Social Media zwingt uns als Autor*innen dazu, regelmäßig Neues zu schreiben, am besten täglich. Zwischenzeitlich hatte ich deshalb das Gefühl, Twitter durchgespielt zu haben. Also änderte ich meinen Nutzungsmodus: Statt mich weiter dem plattform-induzierten Stress auszusetzen, begann ich damit, hin und wieder alte Texte zu recyceln. Gegen das Hochholen früherer, längst der Vergänglichkeit anheim gefallener Postings spricht, finde ich, rein gar nichts. Weder an digitalen Orten wie Twitter/X – Frohmann-Autorin Ute Weber sagt herrlich passend »Shitter« dazu – noch an analogen Ausstellungsorten. Das, was wir einmal produziert haben, dürfen wir immer wieder teilen, um ohne Burnout in sozialen Medien sichtbar zu bleiben, also nach den Bedingungen dort weiter existieren zu können. Hélène Cixous sagte mal in einem Interview: »When I do not write, it is as if I had died.« (»Wenn ich nicht schreibe, dann ist es, als wäre ich gestorben.«) Diese Aussage kann nur aus dem Leben heraus formuliert werden. Gemeint ist, dass es sich so anfühlt, als wäre man tot. Nun kann niemand Lebendiges behaupten, genau zu wissen, wie es sich anfühlen würde, tot zu sein. Es müsste also heißen: »Wenn ich nicht schreibe, fühle ich mich so, wie ich mir Totsein vorstelle.« Tot sein bedeutet in jedem Fall, nicht lebendig zu sein. Die Abwesenheit von Lebendigkeit also tritt nach Cixous ein, wenn sie nicht schreibt. Das lässt sich hervorragend auf Social Media übertragen, denn derzeit stirbt Twitter/X/whatever, und ich sterbe mit bzw. starb als Twitterautorin bereits in dem Moment, als ich dort nichts mehr veröffentlichte.

[@jesstartas, 5. Juli 2018]
Stille nach allem.

Du fragst, ob mich beim Schreiben von Posts der Gedanke an
die Reaktion der Lesenden beeinflusst. Manchmal schreibe ich für
bestimmte Leute, von denen ich hoffe, dass es ihnen gefallen wird.
Meistens sind das meine Freund*innen. Ich ahne etwa, welche Texte
dir besonders gefallen könnten, und dann freue ich mich enorm,
wenn du darunter kommentierst. Ich mag es, wenn Menschen
sich in meinen Texten oder Collagen erkennen können, wenn sie
gut unterhalten sind und womöglich sogar lachen. Aber das ist
nochmal eine andere Sache. Aus irgendeinem Grund mögen viele
Leser*innen ihre Autorinnen zart leidend. Darauf hat mich meine
Freundin und Kollegin Ina Steg aufmerksam gemacht. Sie, ich und
sicherlich auch zahlreiche andere Autorinnen erhalten besonders
viel Aufmerksamkeit, wenn sie etwas neben der Spur sind: traurig,
aufgebracht, vulnerabel. Sogar Leser*innen mit den allerbesten
Absichten wünschen sich manchmal Gossip und Sensationen, ich
bilde da keine Ausnahme. Leider finde ich den Artikel nicht wieder,
aber irgendwo wurde jemand Bekanntes dazu interviewt und
erklärte, dass tote Haustiere und Depressionen einem ein besonders
aufmerksames Publikum brächten. Nun will ich mich aber nicht
selbst zerfleischen und meine Dämonen vor Publikum ausführen.
Die wirklich harten Geschichten möchte letztlich ja doch niemand
hören. Das Leiden muss bitte noch hübsch anzusehen und gut
verdaulich sein. Die Schwere in meinen Texten hat einen wahren
Kern, aber wie die Schwere sich ausdrückt, ist nicht immer real. Ich
schreibe für alle, die das verstehen können. Verstehst du das? Und
spürst du ein Sterben?

SCHWARTZ Oh ja, ich spüre ein Sterben. Immer und
allgegenwärtig. Das Leben ist nichts anderes als ein sehr langsames
Sterben, eine einzige, ausgewalzte Präterminalphase; ich weiß
nicht, ob ich das mal irgendwo gelesen oder doch selber gedacht
habe, aber ich mag den Gedanken, und es stimmt ja auch:
Ab 25 beginnt der Körper abzubauen, alles, was danach kommt,
ist nichts anderes als ein endlos hinausgezögerter, verlangsamter
Zerfall.

In diesem Sinne ist das Schreiben tatsächlich ein Ankämpfen gegen das Sterben, ein beständiges, in einen Baumstamm geritztes oder auf eine Klowand gekritzeltes »Ich bin noch hier«, und du hast völlig recht, wenn du das auf unser digitales Dasein überträgst: Wer auf Social Media schweigt, den gibt es nicht. Das wird deutlich, wenn man auf Twitter oder Instagram auf diese Accounts ohne Profilbild geht, die noch nichts gepostet oder geliket haben, die einfach nur »da« sind, ohne da zu sein. Gespenstisch.

Aber kurz zurück zum verlangsamten Zerfall: Twitter – ich weigere mich, den Laden X zu nennen – befindet sich definitiv in der »Finalphase«, wie sie in der »Sterbologie« heißt (was wiederum ein Neologismus von Christian Y. Schmidt aus *Der kleine Herr Tod* ist). Diese letzte Phase des Sterbens ist gekennzeichnet durch das fortschreitende Erlöschen der Organfunktionen, begleitet von Teilnahmslosigkeit und Müdigkeit, was auch ziemlich genau mein Plattformgefühl Anfang 2018 auf Facebook beschreibt.

Zu der Zeit wurde da aus wirtschaftlichen Gründen am Algorithmus rumgepfuscht. Die Reichweite von Usern halbierte sich von heute auf morgen, und wer Zuckerberg kein Geld in den Rachen werfen wollte, wurde unsichtbar. Und schon hatte man keine Lust mehr auf den Laden, öffnete die App mit so einem grundsätzlichen »Kein Bock, fuck off«-Gefühl und bespielte sie entsprechend. Dieses »Kein Bock, fuck off«-Gefühl habe ich jetzt bereits seit Wochen auf Twitter. Aber es ist Oktober, und der Oktober ist sowieso ein guter Monat zum Sterben.

Das Ableben von großen Social-Media-Plattformen ist ein Thema für sich, es ist ein elender, unwürdiger Prozess, die digitale Entsprechung zum qualvollen Hinsiechen in einem überfüllten Hospiz – man verdrängt den bevorstehenden Tod, obwohl man ihn direkt vor Augen hat. So war es auch bei MySpace und StudiVZ, ehemals funkelnden Galaxien, die heute nur noch große Ansammlungen dunkler Materie sind. Warst du noch mal auf MySpace? Ich war vor etwa einem Jahr dort, spaßeshalber, und es fühlte sich an, als würde man über einen brachen Gesteinsplaneten taumeln.

Wie unvorstellbar, heute dort noch etwas zu schreiben! Das wäre so, als würde man ein 300-seitiges Romanmanuskript verfassen und es in der karakalpakischen Kysylkum-Wüste vergraben, ohne dass es je ein Mensch gelesen hätte. Wenn man etwas schreibt, das niemand liest, hat man es dann überhaupt geschrieben?

Man braucht Leser, das stimmt. Schreiben, so wie Kunst im Allgemeinen, ist ja nichts anderes als eine indirekte Form der Kommunikation, und im Social-Media-Zeitalter ist man als Sender automatisch auch Empfänger. Je kürzer die verwendete Form ist, desto schneller und unmittelbarer erfolgen die Reaktionen. Das Problem hierbei ist, dass es Anforderungen an die Autorenrolle stellt, die zwar nicht neuartig sind, aber einen zu einem viel früheren Zeitpunkt mit literaturbetrieblichen Aspekten wie z. B. Marketing konfrontieren. Du musst als Figur interessant sein, eine Persona entwickeln, sonst ist es egal, was du schreibst. Der beste Text juckt niemanden, wenn der Schöpfer niemanden juckt. Selbst, wenn man den Schöpfer absichtlich im Hintergrund hält, muss man das auf eine Art machen, die ihn dann doch interessant wirken lässt. Autor und Werk sind dank Social Media zu einer untrennbaren Einheit verschmolzen, und vermutlich ist deswegen auch Autofiktion so trendy (übrigens etwas, was im Rap seit jeher gang und gäbe ist: lyrisches Ich und Kunstfigur sind da quasi qua Genre identisch).

Die Art, wie man sich als Autor präsentiert, hat von jeher zur Beurteilung des Werks beigetragen, und tragische, zerrissene Gestalten wirken nach wie vor interessanter.

Menschliche Abgründe haben immer fasziniert, die Leute wollen den Atlas mit gebrochenem Rückgrat und das Heideröslein zertrampelt sehen; diese Schablonen legen sie auch wieder über unsere Instagramfotos und Netztexte. Wir Schreibenden wissen das und beuten uns dafür aus, schürfen in den Untiefen unserer Biografien und Gedanken nach den Nuggets, die wir in Aufmerksamkeit umtauschen können.

Ich habe im Laufe der Jahre recht gute Routinen zur Abgrenzung entwickelt. Wenn ich über meine »Dämonen« schreibe, juckt es meine Dämonen nicht. Sie kennen mich und wissen, dass ich ihnen semantische Masken aufsetze, ihre wahre Gestalt hinter sagbaren Begriffen verberge, womit ich nicht nur sie, sondern auch mich schütze. Was auf der Bühne meiner veröffentlichten, geschriebenen oder gesungenen Texte passiert, das hat nichts mit dem zu tun, was backstage in meinem Kopf und Leben los ist. Hinter der Bühne will ich in Ruhe über brache Gesteinsplaneten pilgern und meine ungeschriebenen Romanmanuskripte vergraben können.

HERZSCHIFFCHEN – MIKROPOETISCHE SHOTS

Content Notes: Zigaretten, Zitronenwasser, Zombies, Google

1

Seit dem Sommer trinke ich jeden Tag zwei Gläser Zitronenwasser,
eines morgens und eines abends. Einmal die Woche kaufe ich
fünf Zitronen, halbiere sie, presse beide Hälften aus, fülle den
Zitronensaft in eine Karaffe, gieße den Rest mit Wasser auf und
stelle die Karaffe in den Kühlschrank. Der sich wiederholende
Charakter dieses Vorgangs hat etwas Meditatives. Die gesund-
heitlichen Effekte nach drei Monaten: bessere Haut, keine
Verfärbungen mehr auf den Zähnen, cleaneres Mundgefühl trotz
Raucherei, und ich bin seither nicht mehr krank gewesen. Es ist
eine einfache, aber effiziente Maßnahme zur Verbesserung des
Lebensgefühls. #Werbung

2

Gedanklich noch ganz mit dem »Herzstück«-Dialog befasst,
während ich dem Ritual des Zitronenwasserzubereitens nachging.
Das Herz halbiert, eine Hälfte genommen und auf dem Kegel der
inneren Herzpresse gerieben, bis der thorakale Phantomschmerz
nicht mehr auszuhalten war und schmerzbedingte Bewusstlosigkeit
nahte. Aber die Auffangschale war voller Herzblut, frei von Fleisch,
Muskelfasern und Knorpeln. So kann man doch arbeiten.

3

Ich trinke ein Glas Zitronenwasser und möchte noch ein paar
kluge Gedanken zu »Herzstück« schreiben, die Deadline von Frau
Frohmann rückt näher. Ich mag Deadlines und auch das Wort

»Deadline«, es reimt sich auf »Flatline«, das BEEEEP, wenn das
Herz zu schlagen aufhört. Sollte dieser Text es ins Buch schaffen,
kann mein Herz zu schlagen aufhören, aber es kann auch aufhören
zu schlagen, sobald ich das Glas Zitronenwasser ausgetrunken habe.
Das Herz juckt es nicht, ob ich pathetisch oder sachlich mit der
Vorstellung umgehe, dass es unweigerlich irgendwann zu schlagen
aufhören wird. In meinem Kopf reimt sich »Herz« auf »Zitrone«, das
ist einer dieser Sätze, die ich lieber für mich behalten hätte und den
das Lektorat auch streichen wollte. Aber was soll ich machen, Rhyme-
as-reason-Effekt, dies das.

4

Wenn die Fingernägel vom vielen Zigarettenhalten nikotinfarben
werden, hilft Zitronensäure gegen die Verfärbung; alle halbe Jahre
fingere ich deshalb eine halbierte Zitrone, und jedes Mal stelle ich
mir vor, dass es das halbierte Herz eines Menschen ist, das ich gerade
fingere. Dieser Gedanke wird ganz automatisch in meinen Kopf
geworfen wie ein Ball von einer unsichtbaren Hand in einen leeren
Raum, und er rollt dann bedrohlich herum, und ich frage mich,
ob ein Herz inwendig so weich wie Zitronenfruchtfleisch ist und
welcher Geist aus welchem anderen Raum in meinem Kopf den Ball
geworfen haben könnte, und dann ist es auch schon vorbei, und ich
sehe dem Fingernagel dabei zu, wie er die Farbe ändert.

5

In einem Gedicht habe ich mal geschrieben, dass mein Herz ein aus
Schweinedarm geflochtener Sack voller Kohlebriketts sei, und den
Vers finde ich immer noch so stark, dass ich ihn hier eigentlich nur
zitiere, um ihn zu wiederholen.

6

Momentan ist mein Herz einfach ein zwischen zwei pechschwarzen,
knisternden Lungenflügeln eingeklemmter Muskel, der das
Ganze hier managt, z. B. mein Gehirn, in dessen Frontallappen
alle Warnschilder von Zigarettenpackungen eine ängstliche
Chornummer singen, während im posterioren Parietalcortex mein

automatischer Griff nach der nächsten Zigarette gesteuert wird –
sehr widersprüchlich und normal, das alles.

7

Als Kind war ich fasziniert davon, wie die Erwachsenen Apfelsinen
schälten: Sie schnitten die Schale entlang, bis ein Kreis entstanden
war, krallten dann ihre Daumennägel in den Schnitt und zogen
die feste Schale ab. Jetzt bin ich selber erwachsen und suche Eine,
die mein Herz auf die gleiche Art schält, die ihre Daumennägel
reinsteckt und den Herzbeutel aufreißt, damit wir gemeinsam kleine
Herzschiffchen essen können, die nach Sommern in der Kindheit
schmecken.

8

Ich google, wie groß das menschliche Herz ist, und die Deutsche
Herzstiftung erklärt mir, dass es etwa faustgroß ist. Was mich
verärgert, denn eine Faust ist keine verlässliche Maßeinheit,
ich meine, es gibt Kinderfäuste, die klein wie verschrumpelte
Gartenäpfel sind und Bauarbeiterfäuste, die wie Abrissbirnen an
den Enden volltätowierter Arme hängen. Trotzdem kann ich mir
im nächsten Moment problemlos vorstellen, wie eine Faust ein
Herz zerquetscht. Auch dieser Gedanke wird mir einfach so wie ein
Ball in den Kopf geworfen, den dafür verantwortlichen Geist stelle
ich mir als gruseliges, blasses Kind vor. Wenn ich schon dabei bin,
stelle ich mir noch vor, dass die Deutsche Herzstiftung herzlosen
Menschen Herzen stiftet.

9

Der Gedanke, wie DU – die Summe sämtlicher halb-, vor- und
unbewusster Vorstellungen von Weiblichkeit, gefüllt in die
Figur eines Engels, der inkognito unterwegs und nur anhand der
Scharniere seiner Flügel zwischen den Schulterblättern zu erkennen
ist – mein Herz zärtlich in beide Hände nimmst und küsst wie
das Gesicht eines Kindes, das stolz die eingesammelten Orangen
aus einem verwilderten Garten zeigt, ist grausam schmerzhaft
und schön.

10

»Herzohren sind Ausstülpungen an den Vorhöfen der Herzen von Säugetieren«, WTF, Google, wie lyrisch willst du noch werden, willst du mich arbeitslos machen, ich meine, WOW, ich google »Herz sezieren« und du kommst mir so, und es geht noch weiter: »Das Schweineherz ähnelt in Aufbau und Größe dem menschlichen Herzen«, und direkt habe ich Gottfried Benn im Ohr, im Herzohr: »Die Krone der Schöpfung, das Schwein, der Mensch«.

11

Die Zitrusfrüchte sind, was motivisches Gewicht angeht, im Verlauf dieser Shotsammlung vom Herz geschlagen worden, aber das ist okay. Das Glas ist fast leer. Ich rauche noch eine und fühle das Nikotin an meinen zitronensäure-gepanzerten Zähnen abperlen.

12

Als Twen hatte ich die Idee, in allen deutschsprachigen Gedichten das Wort »Herz« durch ein anderes zu ersetzen, durch irgendeinen absurden, sperrigen Substitutionsbegriff aus einem gänzlich anderen Wortfeld. Das Projekt scheiterte daran, dass ich keine Lust mehr hatte – die Idee ist hiermit public domain.

13

Bei *The Return of the Living Dead* laufen Zombies rum, wollen den Menschen die Hirne aus dem Schädel lutschen, um den Schmerz darüber, untot zu sein, erträglicher zu machen. Ich bin für ein leicht abgewandeltes Remake namens *The Return of the Loving Dead*, in dem die Zombies den Menschen die Herzen aus der Brust lutschen, um den Schmerz darüber usw., wobei es noch plausibler wäre, wenn die Menschen den Zombies die untoten Herzen aus der Brust lutschten: Die Lebenden sitzen auf einem Friedhof um einen gefesselten Zombie herum, in dessen vermodertem Brustkorb Strohhalme stecken und saugen. Welches Bedürfnis sie damit befriedigen, überlasse ich der Vorstellung des Publikums; es geht irgendwie darum, mehr zu fühlen, wieder mehr oder immer mehr, koste es, was es wolle, um jeden Preis. – Es hat auch eine ekelhaft ökonomische

Dimension, selbst Untote noch marktlogisch zu verwerten und wie
Zitronen auszupressen.

14

Ich lese, was ich bisher geschrieben habe: meine Herzschiffchen.
Zombies segeln auf ihnen, die ausgepressten Zitronen, das blasse
Kind, die Mitglieder der Deutschen Herzstiftung, die Phantom-
schmerzen, die Gedichte mit sperrigen Substitutionsbegriffen,
Google, ich mit zitronig-sauberem Mundgefühl, Gottfried Benn,
und DU, du segelst auch auf ihnen.

15

Die Deadline läuft morgen ab, ich kaufe neue Zitronen, mein Herz
wird nicht aufhören zu schlagen. (Es wäre wirklich schräg, wenn ich
vor Veröffentlichung dieser Texte sterben würde, und die Vorstellung
ist wirklich pathetisch.)

Jess

TERRORMIX

Content Note: Geschmacklos

Folgt mir für leckere Terrormix®-Rezeptinspirationen, z. B.
Königsberger Kloppe
Eier mit Bohnen und Schreck
Knusprige Dornflakes
Marzipainkartoffeln
Dünkelbrot mit Mordadella
Chili con Keile
Toast Hauwaii
Caipiranha
Prügeleierkuchen
Scheidungssuppe mit Eierstich
Eins hinter die Löffelbiskuit
Kampfnudeln mit Sauerknirschen
Frische Leberspießchen mit Geprügelsalat
Überbratwurst mit Pommes rot/rot
Keintopf
Sauerbraten
Grünundblaukohl
Schwäbische Aufsmaultaschen
Blaubeer-Corleone-Torte mit Kloppoccino
Kartoffelknuffer mit Apfelkomplott
Pizza mit Ananas und Hinken
Schnelle Kopfnuss-Plätzchen
Schießburgerwehr
Haubeerkuchen
Crushed Eyes
Slash-Eis
Crème brüllée

Ohrfeigen-Chutney
Frankfurter Ranz
Brettigel
Schlizza
Schlizza mit frischem OregaNO!
Klapskaus mit Grollmöpsen und Ziegeleiern
Cutcakes mit Stichelbeer-Mascarpaine-Klopping
Tomade-Motzarella
Fangfrische Randaale
Schurkensalat mit Krill
Freakadellen mit Quetschup
Eisgekühlter Bommerschunder
Halb 10, Zeit für Kloppers
Ein beklebtes Brot mit Hinken (Hinken)
Ein belebtes Brot mit Spei (Spei)
Stirbkuchen mit entzündeten Mandeln
Knilchreis mit Zimt und Trucker
Hai Latte mit Zimt und »Sahne«
Greisbrei mit heißen Hirschen
Kack-Oblaten
Susi

BLACK BOX

Content Notes: Mobbende Planeten, umgestülpte Supernova, Kehlenschnitt

Der Schulhof lag da wie tot. Wo sonst Kinder lärmten und umherwuselten und chaotische Galaxien aus komplexen Soziogrammen bildeten, fand sich jetzt nur ein Stillleben aus Spielgeräten und Funktionalbauten. Als hätte sich mit dem Klingeln zum Ende der großen Pause ein schwarzes Loch aufgetan und alles Leben absorbiert. Niemand weiß, was mit den Dingen passiert, die in einem schwarzen Loch verschwinden.

Er stand hinter der größten Kugel der Sonnensystem-Skulptur in der Mitte des Schulhofs. Irgendwelche Schüler hatten sie im Rahmen irgendeiner Projektwoche vor Jahrzehnten gebaut, das Ganze sollte unser Sonnensystem in irgendeiner besonderen Planetenkonstellation darstellen. Die Planeten aus versiegeltem, wetterfestem Pappmaché reichten von seinen Knien bis in eine Höhe von etwa drei, vier Metern; die Kinder nutzten sie zum Versteckspiel. Auch ihm bot Jupiter gerade Sichtschutz, während er selbst freien Blick auf die Tür zum Pavillon hatte. Darin holte Johannes Engel sich gerade den täglichen Ärger bei Frau Glinke ab. Weil Johannes Engel wieder einfach nicht aufgehört hatte, wie jeden Tag hatte er sich mit den anderen in der großen Pause vor ihm aufgebaut, während er einfach nur an der Wand lehnte und wortlos auf sein Handy blickte. Johannes Engel hatte wieder seine Beleidigungen und Demütigungen vor ihm ausgespuckt, angefeuert durch die anderen, die immer um ihn herumschwirrten wie Himmelsobjekte um ihr Gravitationszentrum. Er hatte nicht aufgehört, konzentriert auf sein Handy zu sehen und die ganzen Beleidigungen und Demütigungen absorbiert. Niemand weiß, was mit den Dingen passiert, die in einem schwarzen Loch verschwinden.

Dann war Frau Glinke gekommen und sagte, dass es so nicht gehen würde und sie nach der Pause mal mit Johannes Engel reden müsste. Die anderen machten Awww! und Ach Maaann!, Johannes Engel aber grinste nur abwechselnd Frau Glinke und ihn an. Er reagierte nicht darauf, sah auf den Screen und absorbierte alles. Niemand weiß, was mit den Dingen passiert, die in einem schwarzen Loch verschwinden. Dann war die große Pause vorbei, alles Leben verschwand vom Schulhof, und Frau Glinke sprach mit Johannes Engel im Pavillon. Er stand hinter Jupiter.

Die Pavillontür öffnete sich, und Johannes Engel trat heraus, ging direkt auf die Sonnensystem-Skulptur zu. Menschen wie Johannes Engel nahmen immer den kürzesten Weg, und der kürzeste Weg zum Hauptgebäude, wo der Unterricht stattfand, führte einmal durch das ganze Sonnensystem hindurch.

Johannes Engel erreichte Neptun und war gar nicht mehr so weit vom Jupiter entfernt, ein paar Schritte waren es noch. Er fühlte den Plastikgriff in seiner Hosentasche. Niemand weiß, was mit den Dingen passiert, die in einem schwarzen Loch verschwinden, und auch nicht, wo sie wieder herauskommen.

Johannes Engel passierte den Saturn, dessen Ringe von dünnen Metallstäbchen gehalten wurden. Er zog die Schere heraus. Johannes Engel trat auf den Jupiter zu. Er trat hinter Jupiter hervor. Das Scherenmesser inzidierte die Epidermis auf Höhe der Drosselrinne, glitt lateral durch den großen Kopfwendermuskel und durchtrennte dabei die Karotiden; hämoglobinfarbene Interzellularsubstanz wurde interstellar in systolischen Stößen aus der Läsion an der Cervix geschleudert.

Johannes Engel sah ihn so an, wie er ihn gestern und heute in der großen Pause angesehen hatte und morgen in der großen Pause angesehen haben würde und wie er Frau Glinke gestern und heute nach der großen Pause angesehen hatte und morgen nach der großen Pause angesehen haben würde.

Er drehte sich weg und ging los in Richtung Mars und passierte ihn und ging weiter und erreichte die Sonne.

Jess

BYE

Content Notes: Rauchende Colts, Eigenheim, Mordsphantasien

Bye an alle, die mir wehgetan haben
will ich gerne einfach mal sagen, aber
seit Jahren wohnen sie mietfrei in meinem Kopf
Rauchende Colts in meinem Holster
Nachdem ich den einen oder anderen kalt
abserviert habe, weil sie halt
schlicht scheiße zu mir waren
Und mir nicht gut getan haben

Ciao will ich sagen und Kussi, verpiss dich
Am Ende zählt nur eine, und das bin ich
Hey zu mir selbst, ich bin frei
für ein Date mit meinen Idealen
Bedingungen für gelingende Beziehungen
Eiskaffee auf dem Tisch, ich wackel mit den Zehen,
heute ist ein guter Tag, denn die Mieter müssen gehen

Ich klag auf Eigenbedarf in meinem Kopf und Herzen
66 Zimmer, Küche, Bad, nur noch selten Schmerzen
und im Keller steht ein Sarg
Für den Fall der Fälle werd ich vorbereitet sein
Ich lasse niemanden so einfach mehr in meinen Kopf hinein

Mein Leben ist ein Schlossaccount, mmmh, nice and cozy
safe and sound
Hi an alle (lost and found), die mich besuchen wollen
es gibt ein paar Regeln:
Bringt Kuchen mit, zieht die Schuhe aus

Ihr findet nachher von selber wieder raus
Pisst niemals in den Garten, der Thymian beißt
Sei gut zu den Tauben, sie wissen wie du heißt

Kalte Knarren unter meinem Bett, so nett
wenn niemand sterben muss, weder andere noch ich
wollen das wirklich
Wow, will ich sagen und wie heftig sagenhaft
dass wir einander haben
Am Ende, sehr cheesy, zählen alleine wir
im heute und hier

DANKSAGUNG

Jess dankt Morton für alles, dem Wortkollektiv für kreative Heimat,
Raffi für die Freundschaft und ihren Eltern, Omas und Opas für
Support. <345666

Schwartz dankt Jess und Frau Frohmann für die Zusammenarbeit
und allen, die ihn inspiriert haben. Ihr wisst, wer ihr seid. <3

Jess Tartas ist Schriftstellerin, Dichterin und Bildungs-
wissenschaftlerin. Sie ist Mitgründerin und Koordinatorin der
Autor*innengruppe *Wortkollektiv*. Seit 2010 setzt sie sich für
Bildungsgerechtigkeit ein, ihr aktueller Schwerpunkt liegt auf
Inklusion im Kulturbetrieb. Sie schreibt u. a. als freie Autorin
für Kindermagazine, unterrichtet Schreiben und organisiert
Kulturveranstaltungen. Jess Tartas veröffentlicht seit 2002 Texte
im Internet, 2019 ist ihre Erzählung *Lange laut lachen* bei
SUKULTUR erschienen. Ihre Kurzgeschichten, Lyrik und Prosa
sind auf DownbyBerlin, dem Blog des Herzstück-Verlags, und
in verschiedenen Zines (zuletzt in *mischen*, 2022) zu finden.

SCHWARTZ ist Hardcore-Rapper, Produzent, Lyriker
und Schriftsteller. Seit 2005 ist er beim berüchtigten Berliner
Underground-Label Hirntot Records gesignt, wo er bisher
auf über 30 Solo-, Colabo- und Compilation-CDs in Erscheinung
getreten ist. Seine Musik ist thematisch dem Horrorcore
zuzuordnen. Schriftstellerisch ist Schwartz vielseitig unterwegs
in Lyrik, Prosa und hybriden Textformen. Zuletzt erschienen sein
Gedichtband *Du scheinst wie aus Dunkelheit* (Ach Je Verlag, 2021)
und die Kurzgeschichte »Korallen« in der Anthologie *Urban
Fantasy: going intersectional* (verfasst zusammen mit dem Politologen
Marcel Lewandowsky, Ach Je Verlag, 2021).

ZUM VERLAG

Der mit dem Deutschen Verlagspreis 2020 ausgezeichnete Frohmann
Verlag wurde im Jahr 2012 gegründet, er ist ein Einpersonenunter-
nehmen mit vielen hundert Mitwirkenden. Den Familiennamen der
Verlegerin trägt er, um ein Zeichen zu setzen gegen eine Startup-
Verlagskultur mit Exitstrategie. Die Arbeit geschieht investorenfrei,
Frohmann ist indie. Im Frohmann Verlag werden neue kulturelle
Formen in den Blick genommen, darunter konzeptuelle digitale
Literatur und kollaboratives Schreiben im Netz.

Zum Verlag gehören die Wissenschaftsreihe GENERATOR
sowie die genuin digitalen Printreihen KLEINE FORMEN,
FROHMANN/0x0a und NO AUTHOR.

Die Grenzen zwischen Schreiben, Lesen und Publizieren fließen
bei Frohmann stärker, als man es von klassischen Verlagen her
kennt – hierin orientiert man sich am Internet. Einige Titel werden
ausschließich als E-Books veröffentlicht, weil sie im Print undenkbar
wären.

![Frohmann logo] **FROHMANN – KULTUR IM WANDEL**

**Christiane Frohmann (Hg.):
Tausend Tode schreiben**
Frohmann Verlag, 2014 (fortlaufend)
DRM-freies ePub, entspricht aktuell
775 Druckseiten, €4,99

REIHE KLEINE FORMEN

Claudia Vamvas: Sitze im Bus
Frohmann Verlag, 2016
Gebundene Ausgabe, 152 Seiten, €19,90

**Sarah Berger: Match Deleted,
Tinder Shorts**
Frohmann Verlag, 2017
Gebundene Ausgabe, 152 Seiten, €19,90

Oliver Grimm: Hefte raus, Diktatur!
Frohmann Verlag, 2017,
Gebundene Ausgabe, 152 Seiten, €19,90

**Christiane Frohmann: Präraffaelitische
Girls erklären das Internet**
Frohmann Verlag, 2018
Gebundene Ausgabe, 148 Seiten,
davon 70 farbige Abbildungsseiten, €29,90

Ianina Ilitcheva: @blutundkaffee
Frohmann Verlag, 2017
Gebundene Ausgabe, 176 Seiten, €19,90

Johannes Schneider: Berlin, abgedichtet
Frohmann Verlag, 2019
Gebundene Ausgabe, 184 Seiten, €20,00

**Christiane Frohmann:
Präraffaelitische Girls erklären Hexerei**
Frohmann Verlag, 2021
Gebundene Ausgabe, 140 Seiten,
davon 65 farbige Abbildungsseiten, €33,00

**Gabriel Yoran/Christoph: Rauscher:
Warum heißt es Traum und nicht
Memoryschaum**
Frohmann Verlag, 2021
Gebundene Ausgabe, 136 Seiten, €20,00

REIHE FROHMANN/0x0A

Hannes Bajohr: Durchschnitt
Frohmann Verlag, 2016
Taschenbuch-Ausgabe, 260 Seiten, €14

**Gregor Weichbrodt/Hannes Bajohr:
Glaube Liebe Hoffnung**
Frohmann Verlag, 2017
Taschenbuch-Ausgabe, 80 Seiten, €10

Nick Montfort: Megawatt
Frohmann Verlag, 2019
Taschenbuch-Ausgabe, 384 Seiten, €18,00

Nick Thurston: Vom Unterauftrag
Frohmann Verlag, 2020
Taschenbuch-Ausgabe, 160 Seiten, €12,00

**Lillian-Yvonne Bertram: Farcen-
Generator**
Frohmann Verlag, 2021
Taschenbuch-Ausgabe, 92 Seiten, €12,00

REIHE GENERATOR

**Hannes Bajohr (Hg.): Code und
Konzept. Literatur und das Digitale**
Frohmann Verlag, 2016
Gebundene Ausgabe, 262 Seiten, €28
Taschenbuch-Ausgabe, 262 Seiten, €16

Elke Heinemann: E-Lektüren
Frohmann Verlag, 2017
Gebundene Ausgabe, 88 Seiten, €18
Taschenbuch-Ausgabe, 88 Seiten, €12
DRM-freies ePub, entspricht
88 Druckseiten, €3,99